2021年
广州市版权产业的经济贡献

本书编委会 著

中国书籍出版社
China Book Press

图书在版编目（CIP）数据

2021年广州市版权产业的经济贡献 / 本书编委会著.
-- 北京：中国书籍出版社，2023.12
　ISBN 978-7-5068-9722-8

Ⅰ.①2… Ⅱ.①本… Ⅲ.①版权—产业发展—广州
—2021 Ⅳ.①G239.265.1

中国国家版本馆CIP数据核字(2023)第239853号

2021年广州市版权产业的经济贡献

本书编委会　著

责任编辑	杨铠瑞
责任印制	孙马飞　马　芝
封面设计	东方美迪
出版发行	中国书籍出版社
地　　址	北京市丰台区三路居路97号（邮编：100073）
电　　话	（010）52257143（总编室）　（010）52257140（发行部）
电子邮箱	eo@chinabp.com.cn
经　　销	全国新华书店
印　　刷	北京九州迅驰传媒文化有限公司
开　　本	787毫米×1092毫米　1/16
字　　数	100千字
印　　张	6.5
版　　次	2023年12月第1版　2023年12月第1次印刷
书　　号	ISBN 978-7-5068-9722-8
定　　价	38.00元

版权所有　翻印必究

本书编委会

主　　任：陈晓丹　　崔海教
副 主 任：高志斌　　赵　冰
成　　员：杨　菁　　首善文　　张晓斌

主　　编：崔海教
副 主 编：赵　冰
执 笔 人：赵　冰　　杨　昆　　郝丽美　　张晓斌
　　　　　王卉莲　　杨冬梅　　苏唯玮

目　录

第一章　广州市版权产业调研方法概述 …………… 1
　　一、版权产业的概念、范围与分类 …………… 1
　　二、版权产业与文化产业的关系 …………… 4
　　三、量化研究 …………… 8
　　四、实地调研 …………… 11

第二章　2021 年广州市版权产业的经济贡献 ………… 12
　　一、2021 年广州市版权产业的主要数据 …………… 12
　　二、2021 年广州市版权产业数据的纵向比较 ………25
　　三、2021 年广州市版权产业数据的横向比较 ………30

第三章　2021 年广州市版权产业部分行业发展情况 …40
　　一、新闻出版 …………… 41
　　二、软　件 …………… 44
　　三、游戏电竞 …………… 47

· 1 ·

四、超高清视频 …………………………………………50
　　五、纺织服装 ……………………………………………52
　　六、博物馆 ………………………………………………55

第四章　2021年广州市版权产业发展的总体分析 ……57
　　一、版权产业保持全国领先水平，核心版权产业
　　　　地位凸显 ………………………………………………58
　　二、版权产业影响力进一步增强，新兴产业保持
　　　　快速发展 ………………………………………………60
　　三、版权产业加快数字化转型，劳动生产效率
　　　　得到提升 ………………………………………………62
　　四、版权产业出口额增长迅速，视听电子产品
　　　　占比最大 ………………………………………………63

第五章　广州市版权工作开展情况及政策建议 …………66
　　一、近年来广州市版权工作的开展情况 …………………66
　　二、其他地区版权工作的先进经验做法 …………………69
　　三、新时代优化广州市版权工作的建议 …………………75

附　录　版权产业的具体分类 ………………………………79
　　附表1　与国民经济行业分类对应的核心版权产业
　　　　　　具体分类 ……………………………………………79
　　附表2　与国民经济行业分类对应的相互依存的版
　　　　　　权产业具体分类 ……………………………………83

附表3　与国民经济行业分类对应的部分版权产业
　　　　具体分类 ·················· 85
附表4　与国民经济行业分类对应的非专用支持产
　　　　业具体分类 ················ 90

参考文献 ······················ 91
后　　记 ······················ 93

第一章　广州市版权产业调研方法概述

本项目按照世界知识产权组织的方法，对2021年广州市版权产业的经济贡献进行了量化测算，在版权产业的概念、范围、分类、测算指标等方面与世界知识产权组织方法保持一致；同时还结合广州市及其他城市的相关实地调研，对广州市版权工作开展情况和版权产业发展现状进行了分析研究。本报告力图通过量化研究与实地调研相结合的方式，准确反映2021年广州市版权产业发展的主要特点，总结版权工作的成绩与问题并提出有关建议，为更好推动广州市版权产业发展、提升版权工作水平提供参考借鉴。

一、版权产业的概念、范围与分类

根据世界知识产权组织的定义，版权产业是"版权可发挥显著作用的活动或产业"[①]。版权产业分为四类：核心版权产业、相互依存的版权产业、部分版权产业以及非专用支持产业。

---

① 世界知识产权组织.版权产业的经济贡献调研指南[M].北京：法律出版社，2006：132.

（一）核心版权产业

核心版权产业是完全从事作品及其他受保护客体的创作、制作和制造、表演、广播、传播和展览或销售和发行的产业，包括 9 个产业组：文字作品，音乐、戏剧制作、曲艺、舞蹈和杂技，电影和影带，广播和电视，摄影，软件和数据库，美术与建筑设计、图形和模型作品，广告服务，版权集体管理与服务①。

（二）相互依存的版权产业

相互依存的版权产业是从事制作、制造和销售其功能完全或主要是为作品及其他受版权保护客体的创作、制作和使用提供便利的设备的产业，包括以下 7 个产业组：电视机、智能手机、收音机、录像机、CD 播放机、DVD 播放机、磁带播放机、电子游戏设备以及其他类似设备，计算机和有关设备，乐器，照相和电影摄影器材，复印机，空白录音介质，纸张②。

---

① 世界知识产权组织. 版权产业的经济贡献调研指南 [M]. 北京：法律出版社，2006：42-45. 本项目对世界知识产权组织的分类名称进行了部分调整，包括将"新闻和文学作品"改为"文字作品"，将"音乐、戏剧制作、歌剧"改为"音乐、戏剧制作、曲艺、舞蹈和杂技"，将"视觉和绘画艺术"改为"美术与建筑设计、图形和模型作品"，将"版权集体管理协会"改为"版权集体管理与服务"。

② 世界知识产权组织. 版权产业的经济贡献调研指南 [M]. 北京：法律出版社，2006：47-48.

（三）部分版权产业

部分版权产业是部分活动与作品或其他受版权保护客体相关的产业，包括 10 个产业组：服装、纺织品与制鞋，珠宝和硬币，其他手工艺品，家具，家庭用品、陶瓷和玻璃，墙纸与地毯，玩具与游戏用品，建筑、工程、调查，内部装修设计，博物馆[①]。

（四）非专用支持产业

非专用支持产业是部分活动与促进作品及其他版权保护客体的广播、传播、发行或销售相关且这些活动没有被纳入核心版权产业的产业。这些产业计量的是远离核心版权产业的溢出效果，它们的职能是版权产业与其他产业共享的。非专用支持产业包括 3 个产业组：一般批发和零售产业，一般运输产业，电话和互联网产业[②]。

[①] 世界知识产权组织. 版权产业的经济贡献调研指南 [M]. 北京：法律出版社，2006：48-49.

[②] 世界知识产权组织. 版权产业的经济贡献调研指南 [M]. 北京：法律出版社，2006：50-51.

```
版权产业
├── 核心版权产业 ── 新闻出版，广播影视，文艺创作与表演，摄影，软件，网络信息，动漫，游戏，设计，广告，版权服务等
└── 非核心版权产业
    ├── 相互依存的版权产业 ── 电视机、游戏机等类似设备，计算机设备，乐器，照相和电影摄像器材，复印机，空白录音介质，纸张等
    ├── 部分版权产业 ── 服装、纺织品与制鞋，珠宝和硬币，手工艺品，家具，家庭用品、陶瓷和玻璃，墙纸与地毯，玩具与游戏用品，建筑、工程、调查，内部装修设计，博物馆等
    └── 非专用支持产业 ── 一般批发和零售产业，一般运输产业，电话和互联网产业等
```

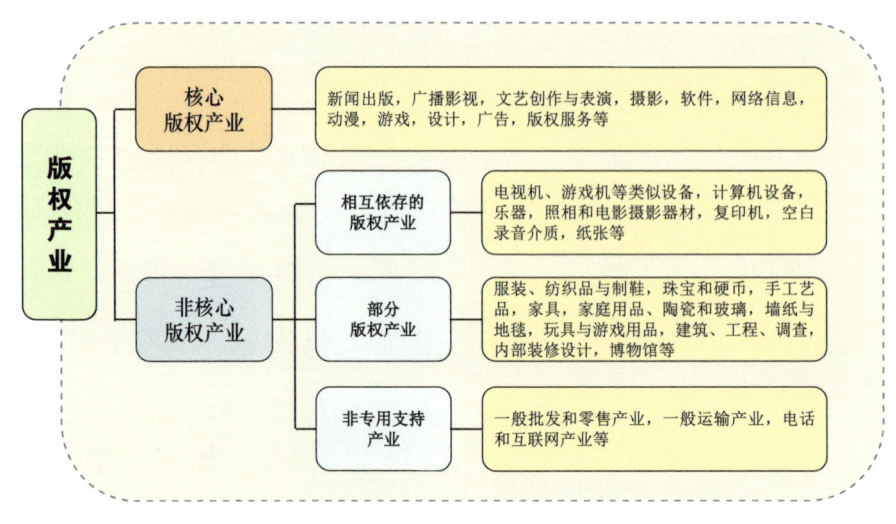

图 1-1　广州市版权产业的分类及包含的主要行业

除核心版权产业的经济贡献是 100% 计入之外，相互依存的版权产业、部分版权产业和非专用支持产业的经济贡献均需按照一定比例（世界知识产权组织称其为"版权因子"）分别计入，以便排除那些不能完全归入版权范畴的成分。

二、版权产业与文化产业的关系

我国自 2004 年制定了《文化及相关产业分类》，建立起文化产业调查统计制度，为文化强国建设提供数据支持。党的十八大以来，党中央十分重视文化产业发展，党的二十大报告再次提出要繁荣发展文化事业和文化产业，健全现代文化产业体系和市场体系。中共中央、国务院印发的《知识产权强国建设纲要（2021—2035 年）》将版权产业占 GDP 的比重作为知

识产权强国建设的主要发展目标之一。文化产业与版权产业在我国高质量发展中的地位更加凸显。从概念表述上看，文化产业与版权产业虽然各有侧重，但从推动创新发展、促进文化繁荣的角度来看，两者又具有密切的联系，特别是文化产业核心领域与核心版权产业在行业范围上重合度较高。为理顺文化产业与版权产业的关系，现将两者的概念与范围做一简要说明。

（一）版权产业与文化产业概念的渊源

1. 文化产业

文化产业的概念最早于20世纪40年代由德国法兰克福学派提出。20世纪八九十年代以来，发达国家纷纷将文化产业作为提升国家竞争力、国际影响力和文化输出的重要手段大力发展。1986年，联合国教科文组织制定了《文化统计框架》，此后进行了多次修订。这套统计框架明确了文化产业的范围与类别，成为各国进行文化产业分类和统计的指导性文件。但该框架只涉及对文化产业的范围界定及行业分类，缺少数据采集、指标测算等具体方法，没有达成各国文化产业量化研究的统一标准。

在我国，文化产业的概念是根据文化建设和文化体制改革的需要提出的。2004年以前，我国对文化产业缺乏科学、统一的分类标准，各地区、各部门对文化产业的定义和范围的界定区别较大，导致统计数据相差悬殊。2004年，国家统计局在与有关部门共同研究的基础上，依据《国民经济行业分类》

(GB/T 4754—2002),制定了《文化及相关产业分类（2004）》，并作为国家统计标准颁布实施。该分类第一次明确了我国文化产业的统计范围、层次、内涵和外延。此后国家统计局分别于2012年、2018年对文化产业分类进行了两次修订，目前执行的是《文化及相关产业分类（2018）》。

2. 版权产业

版权产业的概念最早出现于20世纪70年代，自瑞典和加拿大开展首次研究以来，多个国家先后开展了类似研究。2003年，为便于量化研究与国际比较，世界知识产权组织吸收各国专家意见，出版了《版权产业的经济贡献调研指南》（以下简称《指南》），并于2015年进行了修订，统一了版权产业的概念、范围、分类与测算方法。在世界知识产权组织的推动下，目前世界上已有包括我国及美国、俄罗斯、加拿大、澳大利亚、芬兰、法国等在内的40多个国家和地区按照《指南》开展研究。

我国版权产业的概念、范围、分类与测算方法与《指南》完全一致，只是结合我国著作权法关于作品类型的界定和我国国民经济的行业分类，对版权产业的行业小类进行了微调。

从两个概念的渊源可以看出，文化产业与版权产业都不是新的产业部门，而是不同的国际组织、国家、部门，从不同角度、不同侧重，根据各自的定义与范围划定的诸多产业部门的集合。版权产业的经济贡献有国际通行的调研方法（《指南》的研究体系比较完备成熟，因而被多数国家采用），便于国际比较；文化产业只有统计分类框架，各国的统计、研究没有统一标准，缺少可比性。

（二）我国版权产业与文化产业范围分类的比较

由于侧重点不同，版权产业与文化产业包含的产业类别有所不同。版权产业聚焦于版权制度，指那些版权可发挥显著作用的活动或产业，强调创新，与是否具有文化属性无关；文化产业聚焦于具有文化内涵和文化传承的行业，以满足人们精神需求的文化产品为核心，因而将那些虽然具有创造性但无文化内涵的行业排除在外。以软件产业为例，软件是受到版权法保护的作品，具有独创性因而属于版权产业的范畴。但大多数软件由于缺乏文化内涵未被包含进文化产业，只有多媒体、游戏动漫和数字出版软件因具有文化属性而被纳入文化产业。

比较我国版权产业经济贡献调研方法和《文化及相关产业分类（2018）》，版权产业涉及的类别更广，包括约300个行业小类；文化产业涉及的行业比版权产业较小，包含约156个行业小类。两者行业构成主要包括三种情况，图1-2可以比较直观地反映这一情况。

一是两者重合的行业。大部分集中在文化艺术、新闻出版、印刷复制发行、广播影视、设计广告、动漫游戏、工艺美术、相关设备生产等方面，约120个行业小类。

二是版权产业包含但文化产业不包含的行业。主要是版权依赖度高而文化关联度低的行业，例如软件和信息技术服务、计算机设备、通信终端设备、复印机、空白录音介质、纸张、纺织服装、家具、陶瓷（约 150 个行业小类）以及一般批发零售、交通运输、电话和互联网等非专用支持产业等。

三是文化产业包含但版权产业不包含的行业。主要是与文化产品高度相关但无版权属性的行业，例如景区游览服务、休闲观光服务、文具笔墨、婚庆典礼、焰火鞭炮等，约 36 个行业小类。

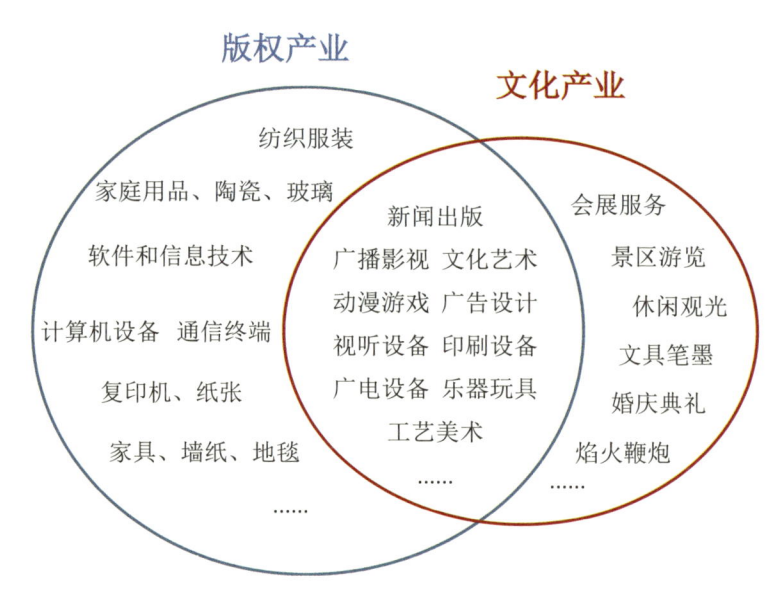

图 1-2 版权产业与文化产业的关系

三、量化研究

在调研指标上，本项目采用世界知识产权组织《指南》中的方法，通过测算行业增加值、就业人数和进出口额三项指标，具体分析 2021 年广州市版权产业的经济贡献。

（一）测算指标

按照《指南》，本项目采用了行业增加值、就业人数和进出口额这三项指标测算广州市版权产业的经济贡献。行业增加值是国民经济核算的一项重要指标；就业人数反映版权产业为社会提供的就业机会；进出口包括商品进出口和服务进出口两类，由于现有服务进出口的数据难以获取，本项目以商品进出口额为进出口的主要指标。这三项指标互为补充，能基本反映出广州市版权产业的经济贡献。

本项目以统计、海关、宣传、工信、文旅、广电等行业主管部门和行业协会提供的官方数据为主要依据，主要包括《广州统计年鉴》、经济普查数据、海关商品进出口数据以及相关行业数据等。这些官方数据是三项经济指标测算的主要依据。此外，本项目也搜集了大量非官方的统计数据，如相关行业研究机构的产业分析报告等。这些数据不作为测算依据，仅作为对有关行业进行横纵向分析的参考数据。

（二）测算方法

在量化研究方面，按照《指南》中介绍的方法和我国国民经济核算方法测算2021年广州市版权产业的行业增加值、就业人数以及商品进出口额。行业增加值和就业人数根据国民经济行业分类中的行业小类数据进行汇总测算。商品进出口额根据海关部门提供的进出口数据，在海关统计商品8位代码水平的基础上对进出口数据进行汇总测算。

（三）版权因子

世界知识产权组织认为，在进行版权产业经济贡献分析时，必须考虑将不能完全归入版权范畴的成分排除在外，核心版权产业之外的其他版权产业的经济贡献不可以被100%计入。针对这一情况，世界知识产权组织提出了版权因子的概念，把版权在某一特定产业中的份额或者对版权的依赖程度称之为"版权因子"。版权因子是以百分比的形式来表示某一特定产业中可归因于版权活动的部分[1]。因此，除核心版权产业的版权因子为100%以外，相互依存的版权产业、部分版权产业和非专用支持产业中各个产业组的版权因子根据各地实际情况分别确定。

本项目在开展相关实地调研的基础上，参考中国版权产业的经济贡献调研项目，确定了广州市版权产业各产业组的版权因子。其中，相互依存的版权产业和部分版权产业中产业组的版权因子根据相关行业对版权依赖程度的不同而有所差异；非专用支持产业的版权因子根据世界知识产权组织提供的公式计算确定。本项目中广州市版权产业的行业增加值、就业人数以及商品进出口额均为乘以版权因子之后的数额。

---

[1] 世界知识产权组织. 版权产业的经济贡献调研指南[M]. 北京：法律出版社，2006：85.

四、实地调研

除量化研究之外，项目课题组还开展了实地调研，通过对广州市及国内其他城市版权工作和版权产业发展情况的调查研究，搜集相关行业的研究文献，获取比较典型的案例材料，对版权工作和版权产业的成绩、特点、问题进行整体分析，作为量化研究的补充与延伸。

（一）市内调研

课题组对广州市内的广东省南方文化产权交易所、广州荔支网络技术有限公司、广州多益网络股份有限公司、天河软件园等15家国家级和省级版权示范单位、园区（基地）进行了走访调研，了解了相关单位近年来业务开展情况以及版权工作面临的主要困难，调研单位提出了希望版权主管部门给予的具体支持措施，共收集到40余条企业诉求，主要涉及加强版权保护、出台激励政策、推动行业交流等方面。

（二）市外调研

为进一步了解广东省内外其他城市在提升版权工作、促进产业发展的先进经验做法，课题组还对省内外其他城市开展了调研工作，包括佛山、温州、郑州、开封、漯河、潍坊、南通、上海等城市，采取实地走访与电话（网络）调研相结合的方式，搜集整理了相关城市近年来的有关经验，为本报告提供参考借鉴。

第二章　2021年广州市版权产业的经济贡献

一、2021年广州市版权产业的主要数据

2021年，广州市统筹抓好经济社会发展和疫情防控工作，版权产业主要经济指标保持增长，实现"十四五"良好开局。调研显示，2021年广州市版权产业的行业增加值为2798.39亿元人民币，占全市比重为9.91%；就业人数为108.90万人，占全市比重为9.36%；商品出口额为81.43亿美元，占全市比重为8.34%[①]，见表2-1。

表2-1　2021年广州市版权产业经济贡献情况[②]

类别	行业增加值 数值（亿元人民币）	行业增加值 占全市比重	就业人数 数值（万人）	就业人数 占全市比重	商品出口额 数值（亿美元）	商品出口额 占全市比重
核　　心	1818.14	6.44%	55.73	4.79%	2.26	0.23%
相互依存	271.03	0.96%	18.62	1.60%	62.12	6.36%
部　　分	93.17	0.33%	8.71	0.75%	17.05	1.75%
非专用支持	616.06	2.18%	25.84	2.22%	—	—
合　　计	2798.39	9.91%	108.90	9.36%	81.43	8.34%

---

① 如无特殊说明，广州市版权产业数据均为本课题组的调研成果，2021年广州市GDP、就业人数和商品进出口数据分别来源于《2022广州统计年鉴》，其他年度广州市数据来源于相关年度广州统计年鉴。

② 本报告中部分数据因四舍五入的原因，分项相加与合计会有细微差别。

第二章　2021年广州市版权产业的经济贡献

（一）行业增加值

2021年，广州市版权产业的行业增加值为2798.39亿元人民币，比2020年增长12.98%；占全市GDP的9.91%，比2020年提高0.01个百分点；2021年广州市版权产业行业增加值及占全市GDP比重与2020年的比较，见图2-1、图2-2。

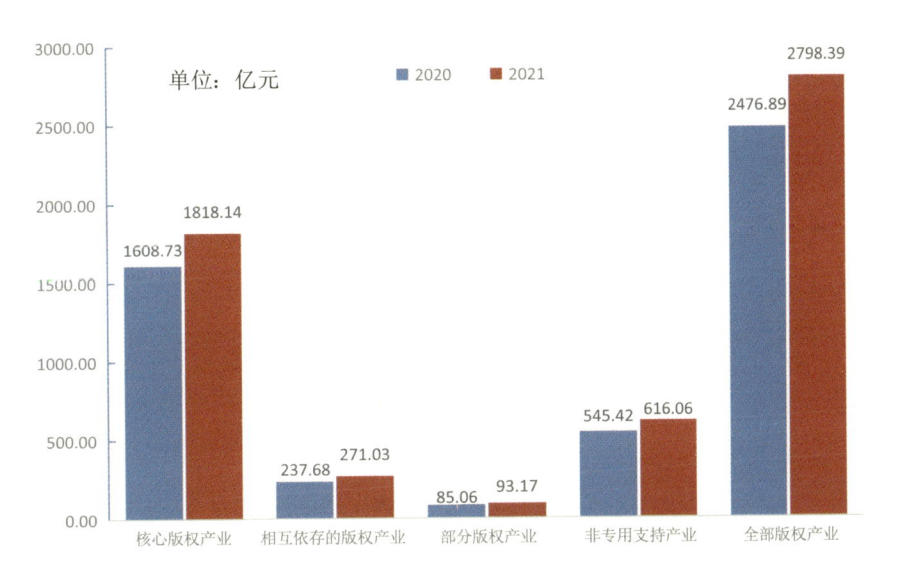

图 2-1　2021年广州市版权产业各类别增加值与2020年的比较

· 13 ·

2021年广州市版权产业的经济贡献

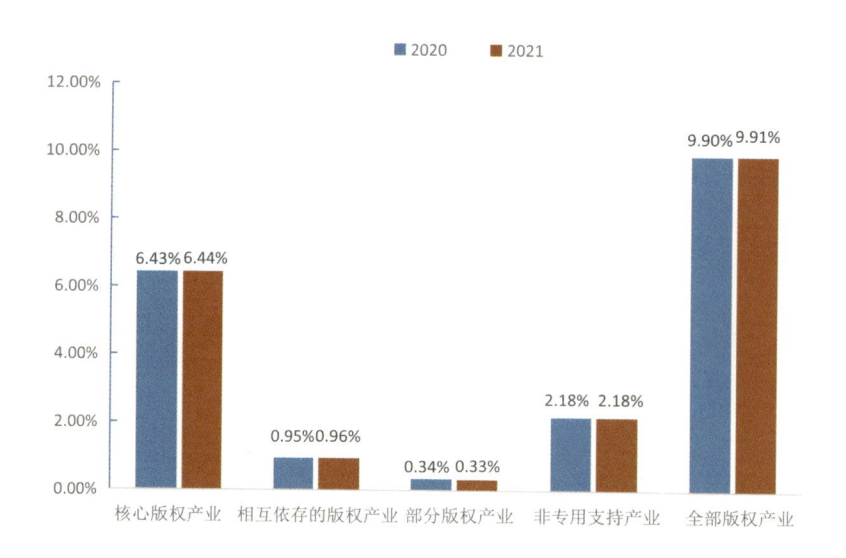

图 2-2　2021 年广州市版权产业各类别增加值占全市 GDP 比重与 2020 年的比较

从行业增加值来看，核心版权产业是广州市版权产业的主体。2021 年，广州市核心版权产业的行业增加值为 1818.14 亿元人民币，占全部版权产业的 65%，占全市 GDP 的 6.44%；相互依存的版权产业的行业增加值为 271.03 亿元人民币，占全部版权产业的 10%，占全市 GDP 的 0.96%；部分版权产业的行业增加值为 93.17 亿元人民币，占全部版权产业的 3%，占全市 GDP 的 0.33%；非专用支持产业的行业增加值为 616.06 亿元人民币，占全部版权产业的 22%，占全市 GDP 的 2.18%，见图 2-3。

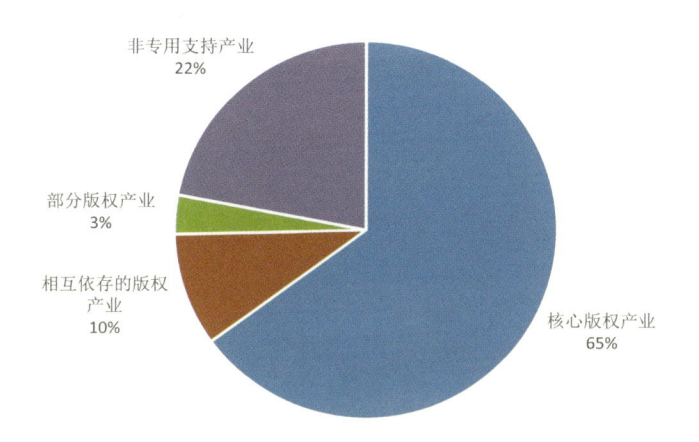

图 2-3　2021 年广州市版权产业行业增加值的内部构成

（二）就业人数

2021 年，广州市版权产业的就业人数为 108.90 万人，比 2020 年增长 0.68%，占全市就业人数的 9.36%，比 2020 年提高 0.02 个百分点。2021 年广州市版权产业就业人数占全市比重与 2020 年的比较，见图 2-4、2-5。

2021 年广州市版权产业的经济贡献

图 2-4　2021 年广州市版权产业各类别就业人数与 2020 年的比较

图 2-5　2021 年广州市版权产业各类别就业人数占全市比重与 2020 年的比较

从就业人数来看，核心版权产业在广州市版权产业中的比重最大。2021 年，广州市核心版权产业的就业人数为 55.73 万人，占全部版权产业的 51%，占全市就业人数的 4.79%；相互依存的版权产业的就业人数为 18.62 万人，占全部版权产业的 17%，占全市就业人数的 1.60%；部分版权产业的就业人数为 8.71 万人，占全部版权产业的 8%，占全市就业人数的 0.75%；非专用支持产业的就业人数为 25.84 万人，占全部版权产业的 24%，占全市就业人数的 2.22%，见图 2-6。

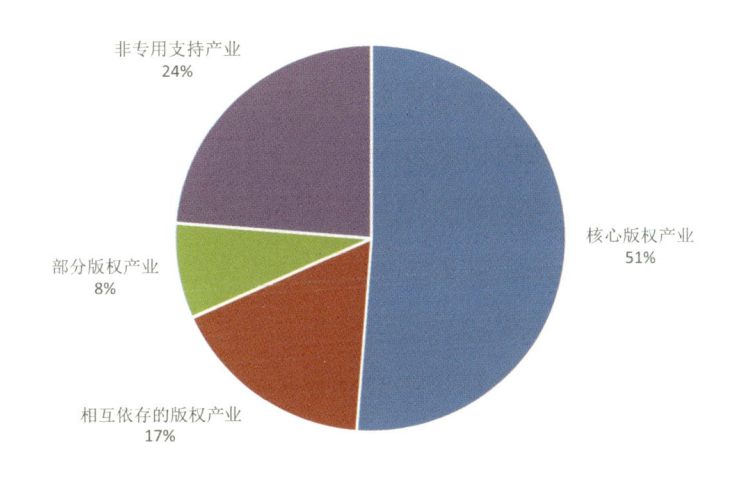

图 2-6　2021 年广州市版权产业就业人数的内部构成

（三）商品进出口额

2021 年，广州市版权产业的商品进出口额为 94.76 亿美元，比 2020 年增长 37.87%；占全市进出口总额的 5.66%，比 2020 年提高 0.66 个百分点。其中，出口额为 81.43 亿美元，占进出口额的 86%；进口额为 13.33 亿美元，占进出口额的 14%；版权产业实现贸易顺差 68.10 亿美元，见图 2-7、2-8。

2021年广州市版权产业的经济贡献

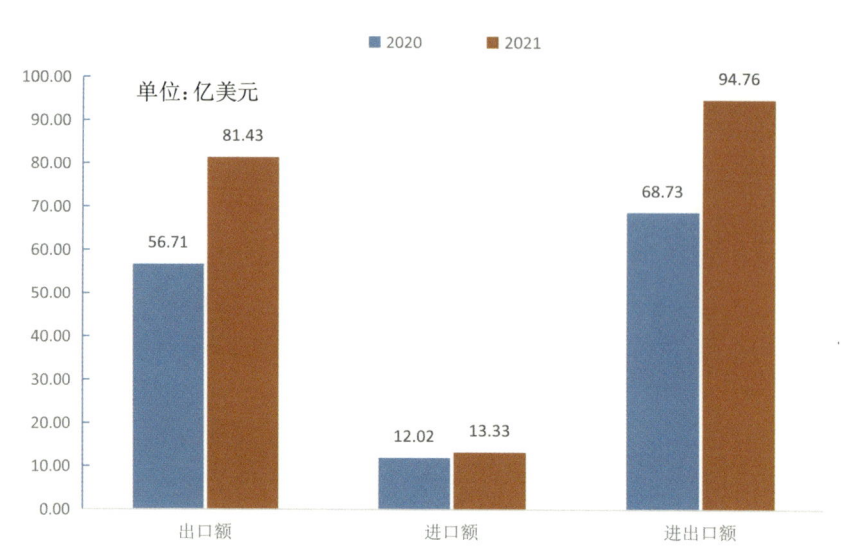

图 2-7 2021年广州市版权产业商品进出口额与2020年的比较

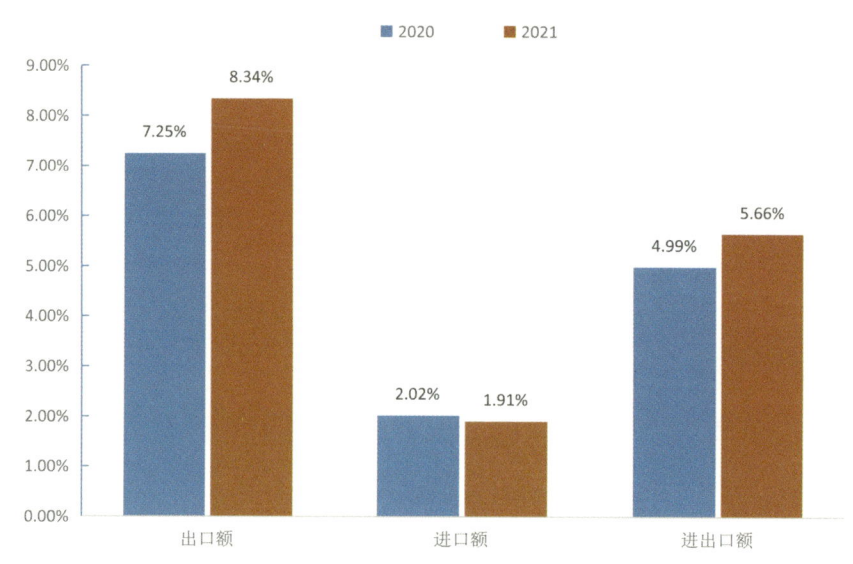

图 2-8 2021年广州市版权产业商品进出口额占全市比重与2020年的比较

1. 商品出口额

2021年,广州市版权产业的商品出口额为81.43亿美元,比2020年增长43.60%;占全市出口总额的8.34%,比2020年提高1.09个百分点。2021年广州市版权产业商品出口额占全市比重与2020年的比较,见图2-9、2-10。

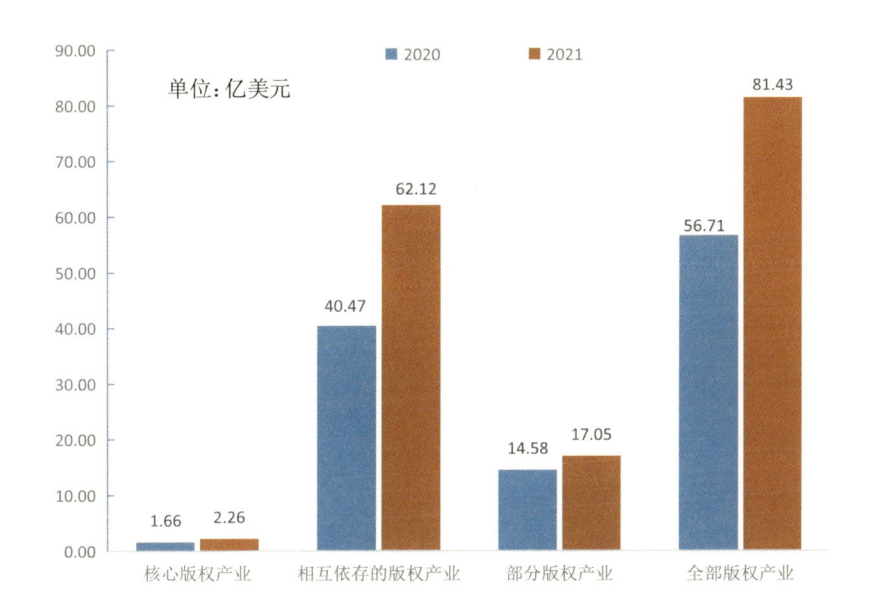

图2-9　2021年广州市版权产业各类别商品出口额与2020年的比较

2021 年广州市版权产业的经济贡献

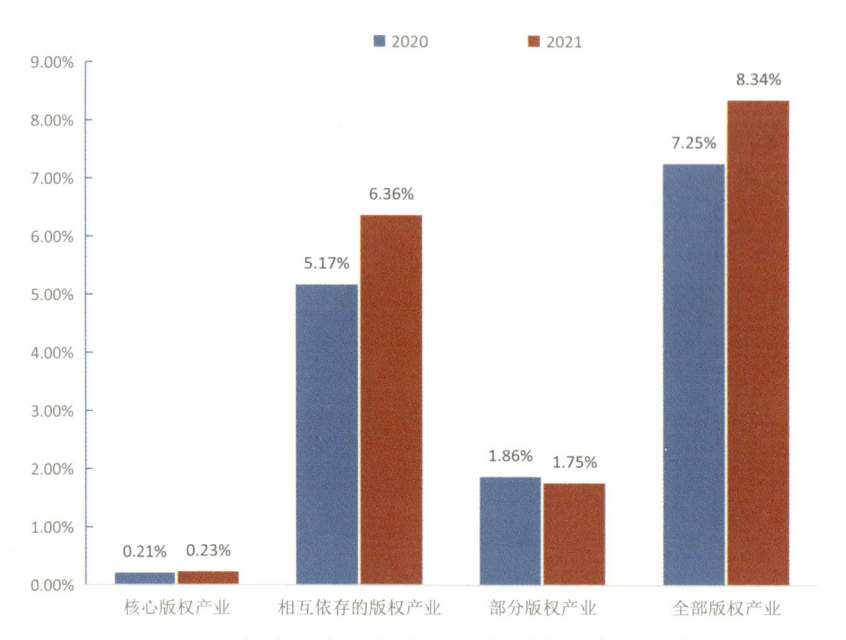

图 2-10 2021 年广州市版权产业各类别商品出口额占全市比重与 2020 年的比较

从商品出口额来看，相互依存的版权产业对广州市版权产业的贡献最为明显。2021 年，广州市相互依存的版权产业的商品出口额为 62.12 亿美元，占全部版权产业的 76%，占全市出口总额的 6.36%；核心版权产业的商品出口额为 2.26 亿美元，占全部版权产业的 3%，占全市出口总额的 0.23%；部分版权产业的商品出口额为 17.05 亿美元，占全部版权产业的 21%，占全市出口总额的 1.75%，见图 2-11。

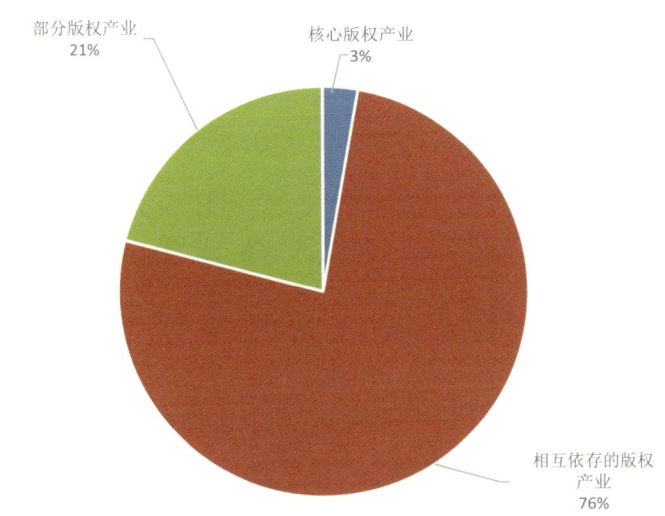

图 2-11　2021 年广州市版权产业商品出口额的内部构成

广州市版权产业出口额较高的商品主要有：电视机、智能手机等类似设备，玩具和游戏用品，计算机及其设备，珠宝和硬币，复印机。上述产业组的商品出口额占到广州市版权产业出口额的 90%，见图 2-12。

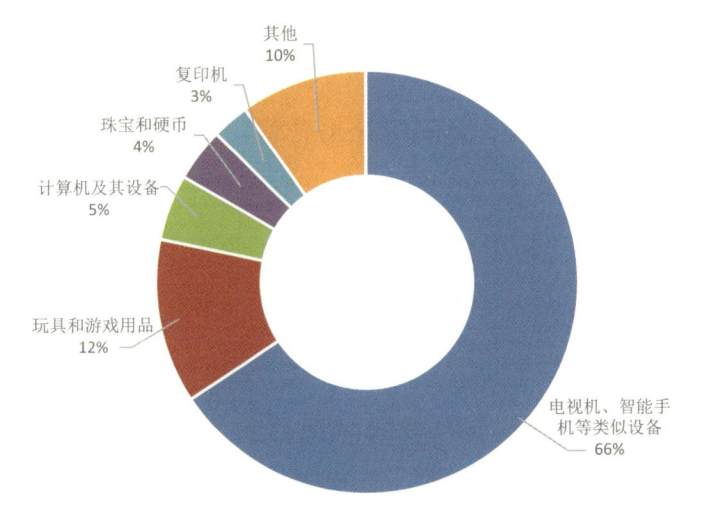

图 2-12　2021 年广州市版权产业商品出口额的产品构成

2. 商品进口额

2021年，广州市版权产业的商品进口额为13.33亿美元，比2020年增长10.84%；占全市进口总额的1.91%，比2020年下降0.12个百分点。2021年广州市版权产业商品进口额占全市比重与2020年的比较，见图2-13、2-14。

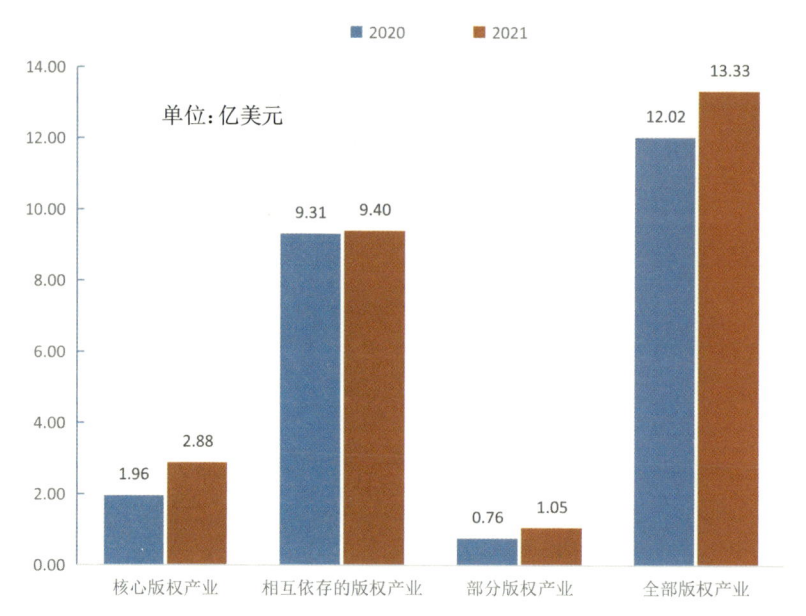

图2-13 2021年广州市版权产业各类别商品进口额与2020年的比较

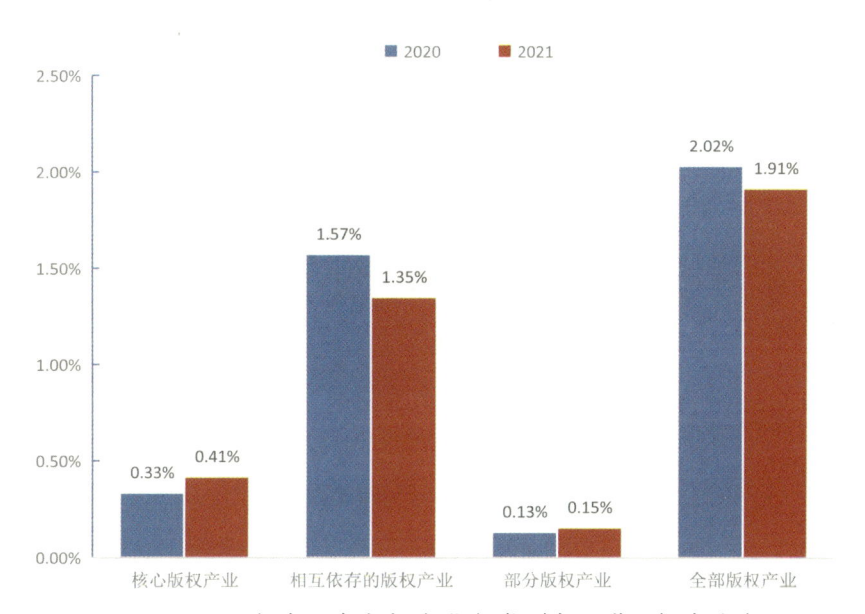

图 2-14　2021 年广州市版权产业各类别商品进口额占全市比重与 2020 年的比较

从商品进口额来看，相互依存的版权产业对广州市版权产业的贡献最为明显。2021 年，广州市相互依存的版权产业的商品进口额为 9.40 亿美元，占全部版权产业的 70%，占全市进口总额的 1.35%；核心版权产业的商品进口额为 2.88 亿美元，占全部版权产业的 22%，占全市进口总额的 0.41%；部分版权产业的商品进口额为 1.05 亿美元，占全部版权产业的 8%，占全市进口总额的 0.15%，见图 2-15。

2021年广州市版权产业的经济贡献

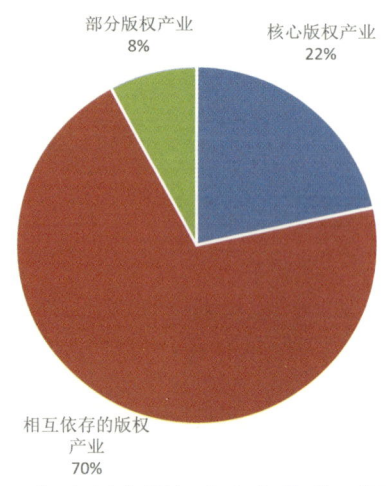

图 2-15 2021年广州市版权产业商品进口额的内部构成

广州市版权产业进口额较高的商品主要有：电视机、智能手机等类似设备，电影和影带，复印机，照相和电影摄影器材，玩具和游戏用品，美术与建筑设计、图形和模型作品，文字作品。上述产业组的商品进口额占到广州市版权产业进口额的88%。

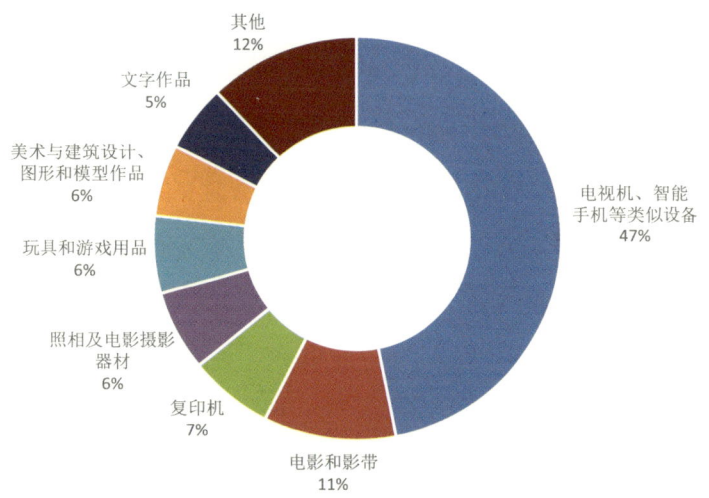

图 2-16 2021年广州市版权产业商品进口额的产品构成

二、2021年广州市版权产业数据的纵向比较

2014—2021年，广州市版权产业的行业增加值、就业人数、商品出口额整体上实现增长，在全市中的比重有所提高。

（一）行业增加值的纵向比较

2014—2021年，广州市版权产业的行业增加值从1576.28亿元人民币增至2798.39亿元人民币，增长77.53%，年均增长率为8.55%；版权产业占全市GDP的比重从9.43%提高至9.91%，提高0.48个百分点。

其中，核心版权产业是广州市版权产业中增加值增长最快的类别。2014—2021年，广州市核心版权产业的行业增加值从983.41亿元人民币增至1818.14亿元人民币，增长84.88%，年均增长率为9.18%，高于同期版权产业年均增长率0.63个百分点；核心版权产业占全市GDP的比重从5.89%提高至6.44%，提高0.55个百分点，见表2-2、图2-17。

表2-2 2014—2021年广州市版权产业行业增加值数据

类别	指标	2014	2015	2016	2017	2018	2019	2020	2021
核心版权产业	增加值（亿元）	983.41	1078.07	1218.45	1363.25	1458.88	1514.59	1608.73	1818.14
	占全市比重	5.89%	5.96%	6.23%	6.34%	6.38%	6.41%	6.43%	6.44%
相互依存的版权产业	增加值（亿元）	178.74	197.99	185.21	206.24	221.19	226.83	237.68	271.03
	占全市比重	1.07%	1.09%	0.95%	0.96%	0.97%	0.96%	0.95%	0.96%

2021年广州市版权产业的经济贡献

(续表)

类别	指标	2014	2015	2016	2017	2018	2019	2020	2021
部分版权产业	增加值(亿元)	70.32	72.42	74.00	69.41	72.17	82.70	85.06	93.17
	占全市比重	0.42%	0.40%	0.38%	0.32%	0.32%	0.35%	0.34%	0.33%
非专用支持产业	增加值(亿元)	343.82	374.68	419.37	466.81	498.33	512.74	545.42	616.06
	占全市比重	2.06%	2.07%	2.15%	2.17%	2.18%	2.17%	2.18%	2.18%
全部版权产业	增加值(亿元)	1576.28	1723.16	1897.03	2105.7	2250.57	2336.87	2476.89	2798.39
	占全市比重	9.43%	9.52%	9.70%	9.79%	9.85%	9.89%	9.90%	9.91%

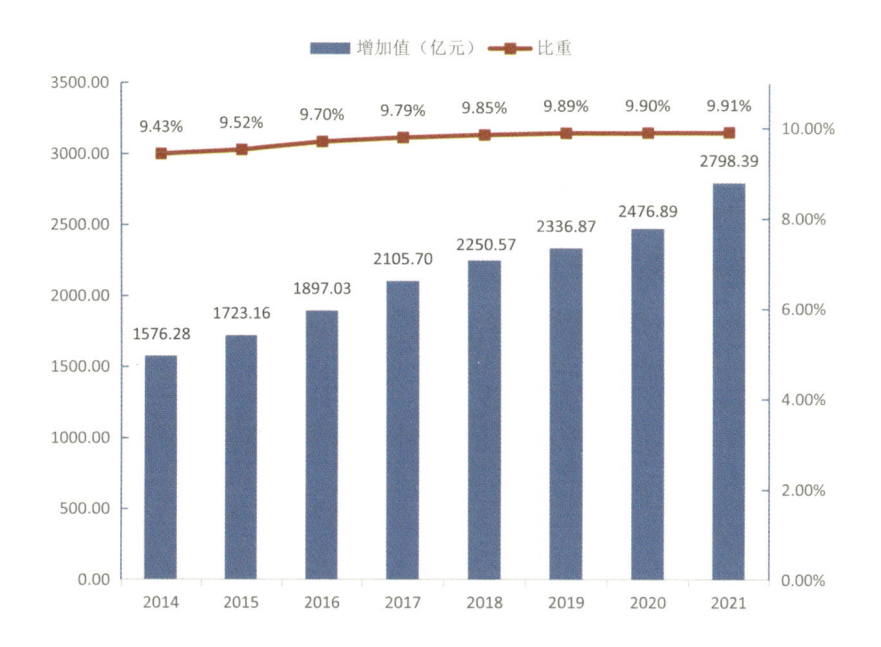

图 2-17　2014—2021 年广州市版权产业的行业增加值及占全市比重

（二）就业人数的纵向比较

2014—2021年，广州市版权产业的就业人数从69.44万人增至108.90万人，增长56.83%，年均增长率为6.64%；版权产业占全市就业人数的比重从8.85%提高至9.36%，提高0.51个百分点。

其中，核心版权产业是广州市版权产业中就业人数增长最快的类别。2014—2021年，广州市核心版权产业的就业人数从32.94万人增至55.73万人，增长69.19%，年均增长率为7.80%，高于同期版权产业年均增长率1.16个百分点；核心版权产业占全市就业人数的比重从4.20%提高至4.79%，提高0.59个百分点，见表2-3、图2-18。

表2-3 2014—2021年广州市版权产业就业人数数据

类别	指标	2014	2015	2016	2017	2018	2019	2020	2021
核心版权产业	就业人数（万人）	32.94	34.55	38.42	39.51	42.50	53.59	55.35	55.73
	占全市比重	4.20%	4.26%	4.60%	4.73%	4.74%	4.76%	4.78%	4.79%
相互依存的版权产业	就业人数（万人）	13.50	14.14	13.36	13.53	14.52	18.01	18.41	18.62
	占全市比重	1.72%	1.74%	1.60%	1.62%	1.62%	1.60%	1.59%	1.60%
部分版权产业	就业人数（万人）	6.07	6.08	6.01	6.10	6.54	8.44	8.69	8.71
	占全市比重	0.77%	0.75%	0.72%	0.73%	0.73%	0.75%	0.75%	0.75%

（续表）

类别	指标	2014	2015	2016	2017	2018	2019	2020	2021
非专用支持产业	就业人数（万人）	16.93	17.52	18.38	18.63	20.08	25.11	25.71	25.84
	占全市比重	2.16%	2.16%	2.20%	2.23%	2.24%	2.23%	2.22%	2.22%
全部版权产业	就业人数（万人）	69.44	72.28	76.18	77.76	83.65	105.16	108.16	108.90
	占全市比重	8.85%	8.91%	9.12%	9.31%	9.33%	9.34%	9.34%	9.36%

图 2-18 2014—2021 年广州市版权产业的就业人数及占全市比重

（三）商品出口额的纵向比较

以同口径比较，广州市版权产业商品出口额及占全市比重自 2019 年下降以来，从 2020 年起逐渐恢复增长，2021 年数据已达历史最高值。其中，相互依存的版权产业对广州市版权产业出口额增长的贡献最为显著，见表2-4、图2-19。

表2-4　2014—2021年广州市版权产业商品出口额数据[①]

类别	指标	2014	2015	2016	2017	2018	2019	2020	2021
核心版权产业	出口额（亿美元）	1.90	1.74	1.79	1.83	1.52	1.19	1.66	2.26
	占全市比重	0.26%	0.21%	0.23%	0.21%	0.18%	0.16%	0.21%	0.23%
相互依存的版权产业	出口额（亿美元）	39.50	42.43	45.79	47.92	48.18	35.01	40.47	62.12
	占全市比重	5.43%	5.23%	5.86%	5.62%	5.68%	4.59%	5.17%	6.36%
部分版权产业	出口额（亿美元）	8.99	10.22	9.84	10.59	18.29	11.03	14.58	17.05
	占全市比重	1.24%	1.26%	1.26%	1.24%	2.16%	1.45%	1.86%	1.75%
全部版权产业	出口额（亿美元）	50.39	54.39	57.42	60.33	67.99	47.23	56.71	81.43
	占全市比重	6.93%	6.70%	7.34%	7.07%	8.01%	6.20%	7.25%	8.34%

[①] 本表中，2018—2021年广州市版权产业商品进出口数据口径与之前年度不同，即在相互依存的版权产业中的电视机等类似设备产业组中增加了智能手机产品。

图 2-19 2014—2021 年广州市版权产业的商品出口额及占全市比重

三、2021 年广州市版权产业数据的横向比较

除广州外，我国及世界多个国家也开展了版权产业的经济贡献调研项目。在国内，中国新闻出版研究院受国家版权局委托，已连续完成了 2006 年至 2021 年中国版权产业的经济贡献调研项目；上海、成都、长沙、佛山、温州等城市也开展了地方版权产业调研项目。在国外，美国、澳大利亚、加拿大等 40 多个国家和地区开展了版权产业调研项目。为进一步衡量广州市版权产业经济贡献的发展水平，本次调研将广州市数据与国内外相关数据进行比较，以便为相关部门提供参考。国内外各项目在版权产业范围、具体调研方法、数据口径上存在较

大差异，因此横向比较仅能在一定程度上反映广州市版权产业在国内外的发展水平。

（一）国内比较

1. 与全国数据的比较

2014 年，全国版权产业增加值占 GDP 的比重为 7.28%；广州市版权产业增加值占 GDP 比重为 9.43%，高于全国 2.15 个百分点。2021 年，全国版权产业增加值占 GDP 的比重为 7.41%；广州市版权产业增加值占 GDP 的比重为 9.91%，高于全国 2.50 个百分点，比 2014 年提高 0.35 个百分点，见图 2-20。

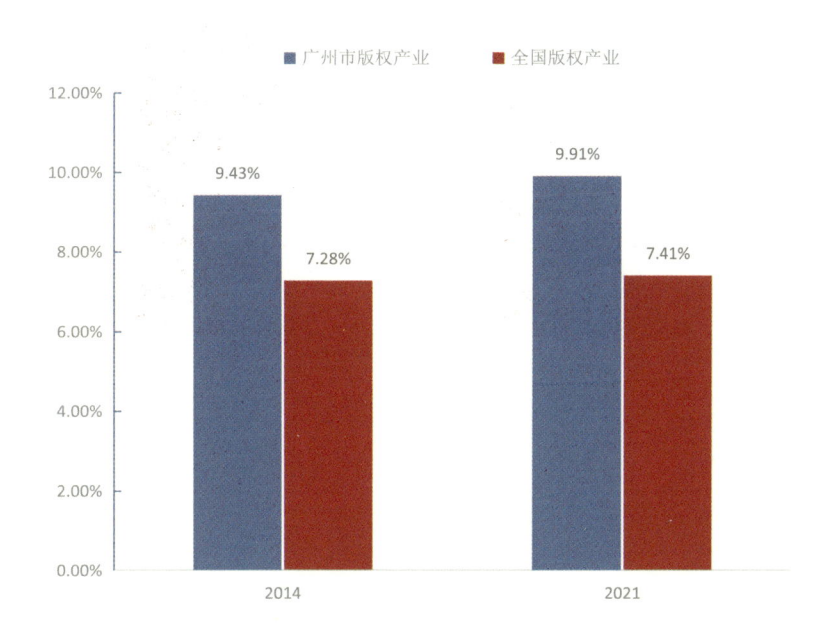

图 2-20　2014 年和 2021 年广州市版权产业占 GDP 比重与全国版权产业的比较

2021年广州市版权产业的经济贡献

2014年，全国核心版权产业增加值占GDP比重为4.29%；广州市核心版权产业增加值占GDP比重为5.89%，高于全国1.60个百分点。2021年，全国核心版权产业增加值占GDP比重为4.68%；广州市核心版权产业增加值占GDP比重为6.44%，高于全国1.76个百分点，比2014年提高0.16个百分点，见图2-21。[①]

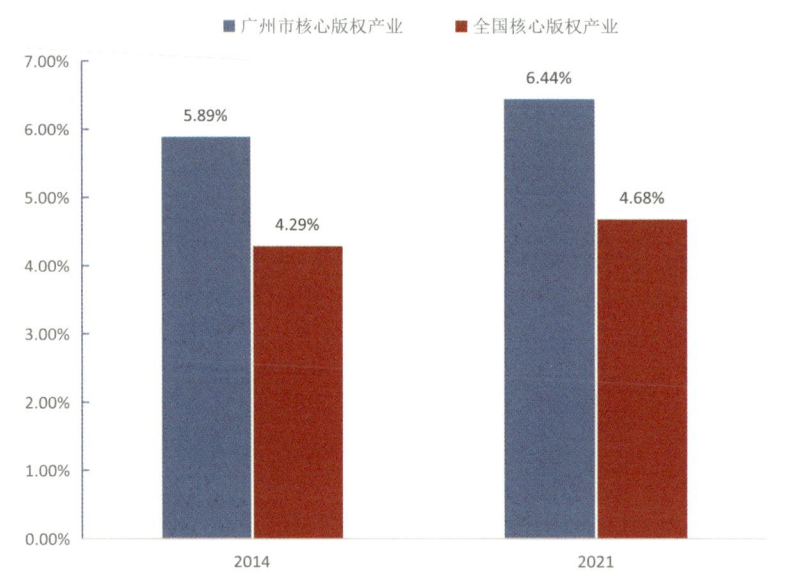

图2-21 2014年和2021年广州市核心版权产业占GDP比重与全国核心版权产业的比较

[①] 全国数据来源于中国新闻出版研究院报告《2021年中国版权产业的经济贡献》。

2. 与其他城市数据的比较

上海、成都、长沙、佛山、温州等城市发布了 2021 年版权产业的经济贡献数据。其中，佛山和温州项目由中国新闻出版研究院开展，在版权产业概念、范围、分类方面与本项目保持一致；上海、成都、长沙由其他机构分别开展，与本项目存在一定的差异。

数据显示，2021 年广州市版权产业增加值占 GDP 比重超过 9%，在上述城市中处于较高水平，版权产业发展水平位居全国领先地位。广州市版权产业的增加值总额为 2798.39 亿元，与上海市版权产业的 3723.13 亿元相比仍存在差距；广州市核心版权产业增加值占 GDP 比重为 6.44%，低于上海市核心版权产业比重（7.05%）0.61 个百分点，见图 2-22、2-23。[①]

[①] 上海市版权产业数据来源于上海市版权局《上海版权产业报告（2020-2021）》，见 https://mp.weixin.qq.com/s/ppyKL3gcq2iwgL7tW0orOg；成都市版权产业数据来源于成都市版权局发布的数据，见 https://baijiahao.baidu.com/s?id=1737022610238240702&wfr=spider&for=pc；长沙市版权产业数据来源于长沙市发布的相关数据，见 https://cs.rednet.cn/content/2022/04/27/11170299.html；佛山市版权产业数据来源于中国书籍出版社 2023 年 11 月出版的《2021 年佛山市版权产业发展报告》；温州市版权产业数据来源于中国书籍出版社 2023 年 7 月出版的《2021 年温州市版权产业发展报告》。

2021年广州市版权产业的经济贡献

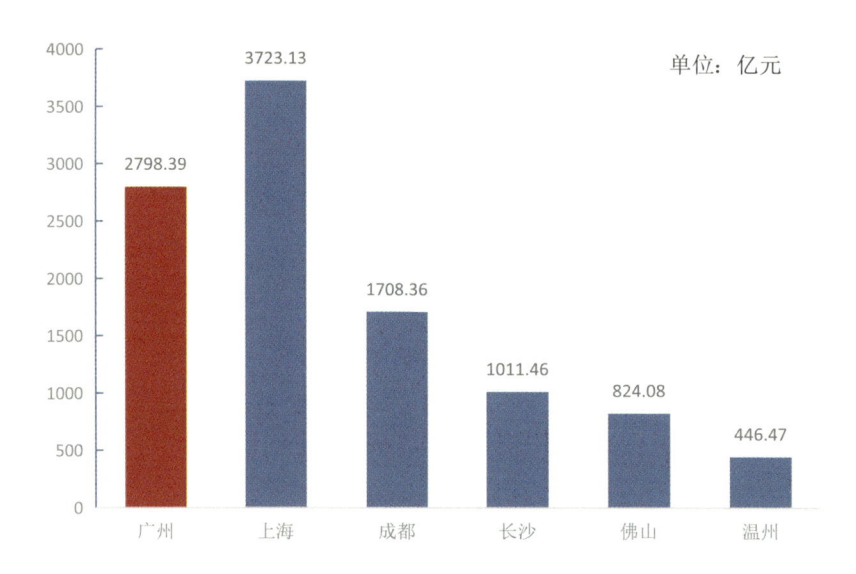

图 2-22 2021 年广州市版权产业增加值与其他城市的比较

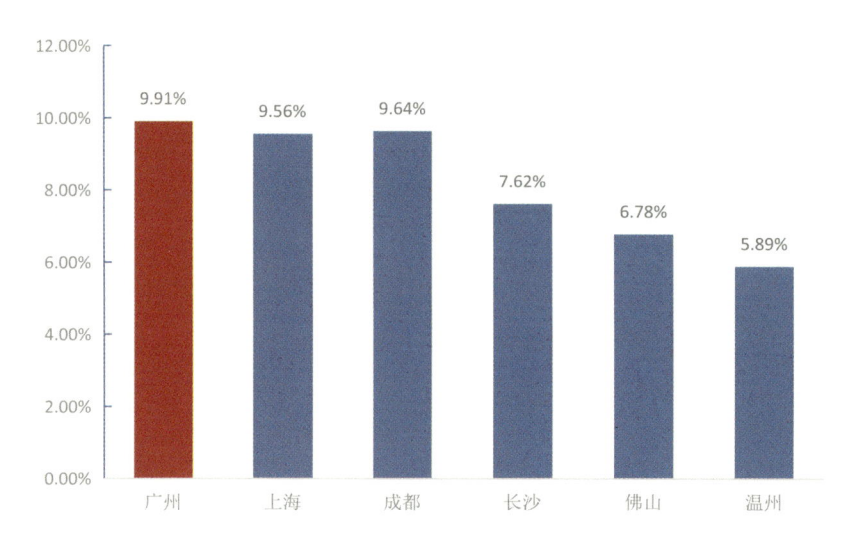

图 2-23 2021 年广州市版权产业增加值占 GDP 比重与其他城市的比较

（二）国际比较

从国际范围来看，广州市版权产业增加值占GDP比重在世界中处于较高水平。根据世界知识产权组织发布的最新报告[①]，各国版权产业增加值占GDP比重的平均值为5.54%，其中发达经济体比重平均值为7.42%，转型和新兴经济体比重平均值为5.07%，发展中经济体比重平均值为4.60%[②]。2021年广州市版权产业增加值占GDP比重不仅高于世界平均值4.37个百分点，也高于发达经济体平均值2.49个百分点，见图2-24。

[①] 如无特殊说明，世界其他国家和经济体版权产业数据均来自世界知识产权组织2021年发布的 THE ECONOMIC CONTRIBUTION OF THE COPYRIGHT INDUSTRIES: An Overview of the Results from WIPO Studies Assessing the Economic Contribution of the Copyright Industries。

[②] 根据世界知识产权组织的报告，发达经济体（developed economies）包括美国、韩国、澳大利亚、法国、新加坡、荷兰、芬兰等国家，新兴经济体（emerging economies）包括中国、菲律宾、马来西亚、泰国、南非、印度尼西亚、土耳其等国家，转型经济体（transition economies）包括匈牙利、俄罗斯、罗马尼亚、立陶宛、斯洛文尼亚、拉脱维亚、塞尔维亚、保加利亚、克罗地亚、摩尔多瓦、乌克兰等国家，发展中经济体（developing economies）包括巴拿马、不丹、肯尼亚、墨西哥、哥伦比亚、秘鲁、文莱等国家。

2021年广州市版权产业的经济贡献

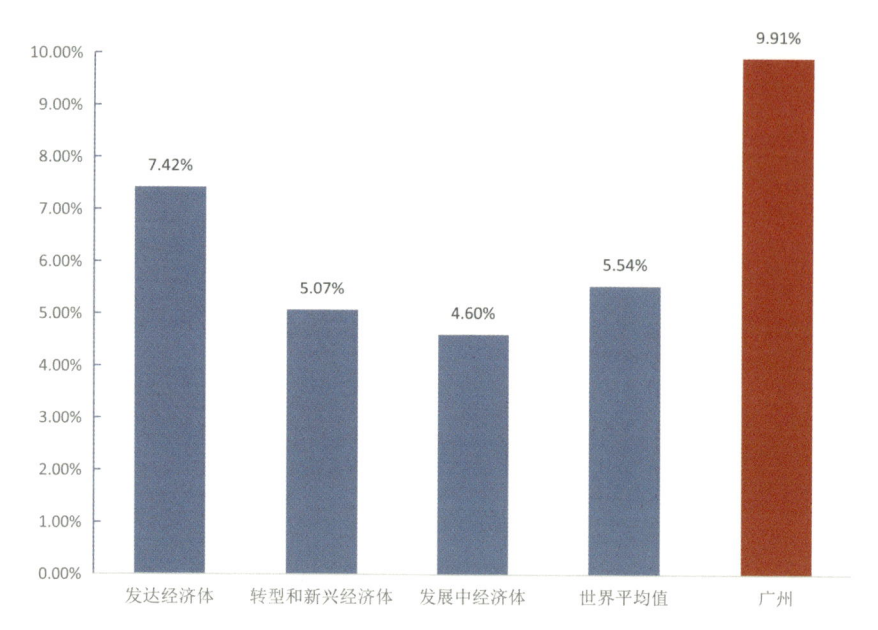

图 2-24　2021 年广州市版权产业占 GDP 比重的国际比较

广州市核心版权产业增加值占 GDP 比重在国际范围内也高于世界主要经济体。2021年广州市核心版权产业比重高于发达经济体平均值 2.01 个百分点，高于转型和新兴经济体平均值 3.56 个百分点，高于发展中经济体平均值 4.11 个百分点，见图 2-25。

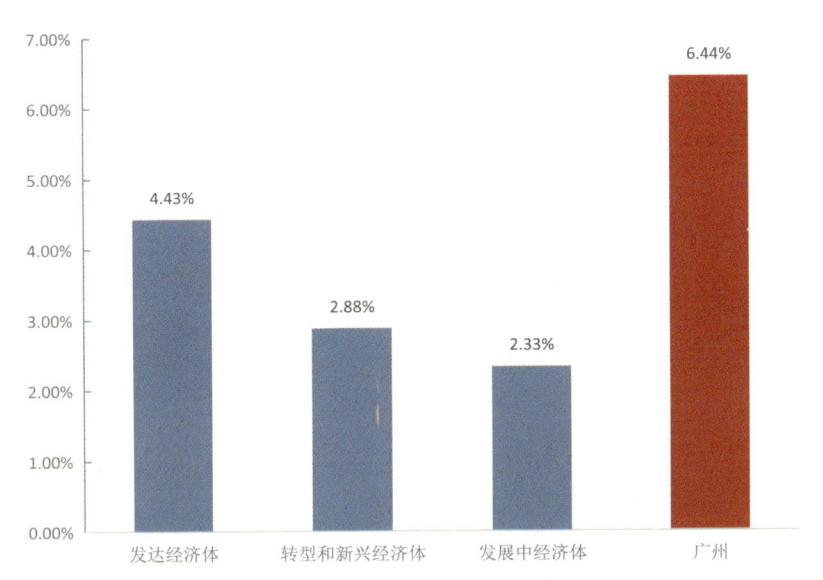

图 2-25　2021 年广州市核心版权产业占 GDP 比重的国际比较

2022 年 12 月，美国国际知识产权联盟发布了 *Copyright Industries in the U.S. Economy: The 2022 Report*。根据该报告，2021 年，美国版权产业的行业增加值占 GDP 的比重为 12.52%；美国核心版权产业的行业增加值占 GDP 的比重为 7.76%。与美国相比，广州市版权产业在 GDP 中的比重低于美国 2.61 个百分点；广州市核心版权产业在 GDP 中的比重低于美国 1.32 个百分点，见图 2-26。

2021年广州市版权产业的经济贡献

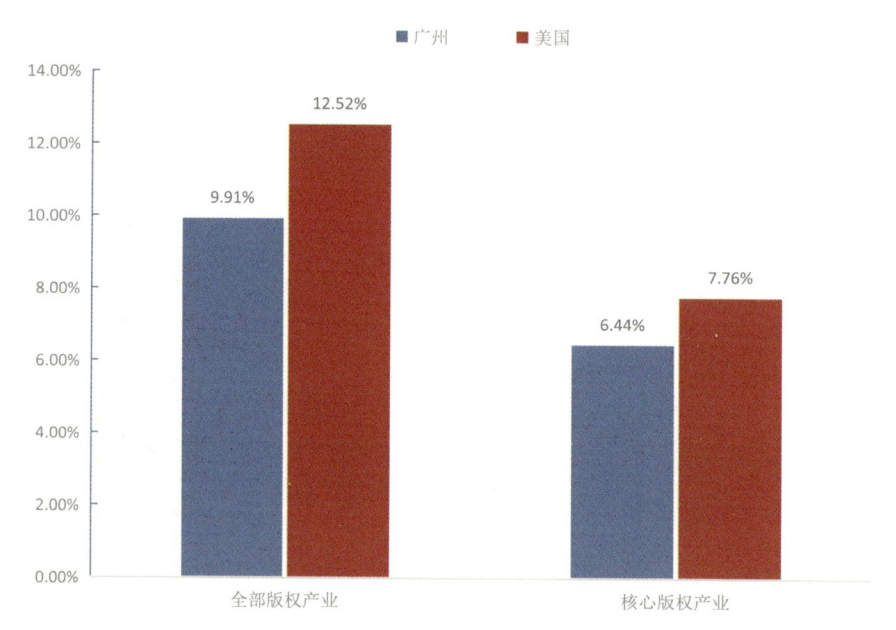

图 2-26　2021 年广州市版权产业占 GDP 比重与美国的比较

通过上述比较可以看出，广州市版权产业在 GDP 中高于全国版权产业比重，在全国范围内处于领先水平，也高于世界平均值。另一方面，广州市核心版权产业占 GDP 比重仍低于上海（7.05%）和美国（7.76%），对经济发展的贡献有待进一步提高，见图 2-27。

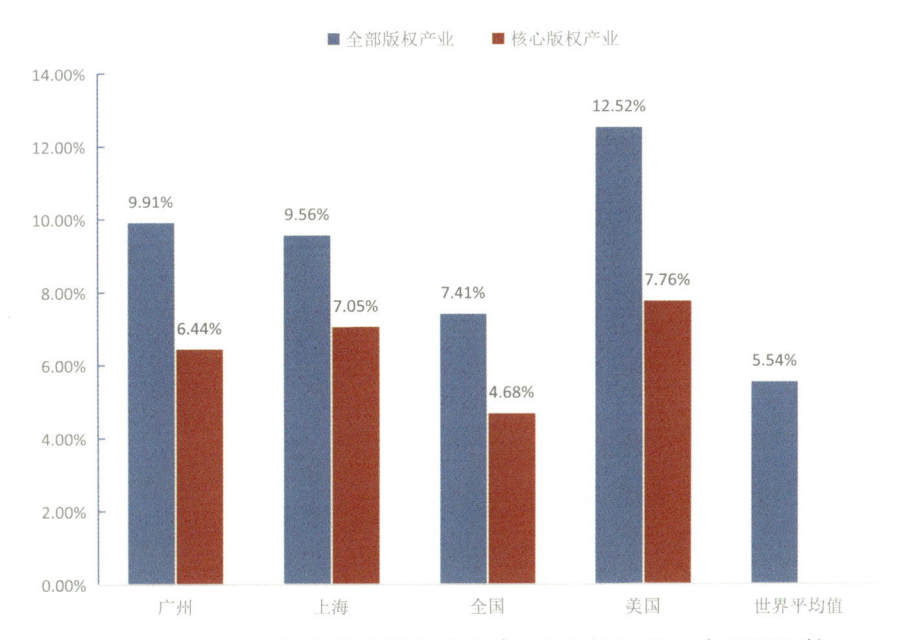

图 2-27　2021 年广州市版权产业占 GDP 比重的国内国际比较

第三章　2021年广州市版权产业部分行业发展情况

根据世界知识产权组织的界定，版权产业包括核心版权产业、相互依存的版权产业、部分版权产业以及非专用支持产业四大类，其中后三类统称为非核心版权产业。核心版权产业是指完全从事作品创作和传播的产业，是全部版权产业中最核心、最重要的组成部分，其发展状况很大程度反映了一个地区版权产业发展水平的高低；相互依存的版权产业主要生产"版权硬件"（如电视机、计算机、打印机等），为作品生产传播提供载体；部分版权产业是指其部分活动与作品或其他受版权保护客体相关的产业，其中的产品只有某些元素（如服装的款式、花色等）具有版权属性；非专用支持产业主要是通过交通运输、批发零售、信息传输为作品的传播提供支持。

广州市版权产业主要集中在核心版权产业，其行业增加值和就业人数分别占到版权产业的65%和51%。新闻出版、软件、设计、广告、游戏电竞以及动漫游戏是核心版权产业的主体，发展水平位居全国前列。在非核心版权产业中，广州市纺织服装、家具、珠宝等行业是广东省重点培育的战略性支柱产业集群——现代轻工纺织产业的重要组成部分，在全国占有重要地位；超高清视频产业是近年来广州市大力发展的新兴产业之一，是全国发展的先行者；非核心版权产业是广州市版权产业商品出口的主体，占到版权产业出口额的97%。本章对2021年广州市版权产业中的部分行业发展情况进行介绍分析。

一、新闻出版

2021年，广州市新闻出版局进一步优化行政服务流程，通过开展"减材料、做实事、省心办"，提升行政审批的便利度，取消各类证明材料共计63种[①]，行政审批事项即办率提升至74.51%，审批时限压缩率提升至92.06%[②]，努力降低新冠肺炎疫情对新闻出版行业的影响，推动行业逐渐恢复发展。

近年来，广州市新闻出版局通过租金补助、项目补助、贷款贴息、落实税收优惠政策、购买服务等方式扶持实体书店，帮助实体书店积极应对新冠疫情带来的不利影响，推动实体书店持续健康发展[③]。2021年，广州市通过创新经营补助、参加书展补助等方式对10家新开办的实体书店和64家参加羊城书

[①] 广州市人民政府网站. 广州市新闻出版局2021年政府信息公开工作年度报告[EB/OL].（2022-01-29）[2023-12-26]. https://www.gz.gov.cn/zfjgzy/gzsrmzfbgt/zfxxgknb/bm/2021n/content/post_8063858.html.
[②] 郭永航主编. 广州年鉴2022[M]. 广州：广州年鉴社，2022：394.
[③] 徐平. 广州：实体书店扶持政策不仅含金量高而且细[N]. 中国新闻出版广电报，2022-07-11（007）.

展活动的实体书店进行资金扶持，扶持资金共计320万元[①]。这些奖励扶持政策，不但有力支持了国有新华书店升级改造公共阅读空间，而且也吸引了钟书阁、西西弗等多家国内知名连锁实体书店落户广州，推动广州购书中心、扶光书店、唐宁书店等本土特色书店扩大经营规模。2021年，为配合北京路步行街的改造提升工程，广州市新华书店提出"书店群"的概念，对北京路书店、儿童书店、科技书店、古籍书店、岭南书店、集雅斋等6家书店的设计、功能、业态进行全面升级改造，打造以"特色化主题、多样化店面、差异化经营"为核心的城市书店群落特色，提升书店的文化体验和阅读体验[②]。曾入选实体书店扶持计划的留灯书店获得中国新商业空间大奖（2020—2021）最美书店的称号。

近些年来，广州市还通过"南国书香节·羊城书展""广州读书月"等品牌文化活动，不断营造全民阅读氛围，持续推进全民阅读工作深入开展，打造书香社会。自2016年起，广州市每年4月举办广州读书月，充分发挥"书香羊城年度好书""广州读书月阅读盛典""广佛同城共读""未成年阅读嘉年华"等品牌活动，为市民营造"多读书、读好书、好读书"

[①] 广州市人民政府网站.广州市新闻出版局2021年政府信息公开工作年度报告[EB/OL].（2022-01-29）[2023-12-26]. https://www.gz.gov.cn/zfjgzy/gzsrmzfbgt/zfxxgknb/bm/2021n/content/post_8063858.html.

[②] 新快报.打造"书店群"，实施"书店+N"模式，广州新华书店迈出高质量发展新步伐[EB/OL].（2023-02-19）[2023-12-26]. https://www.xkb.com.cn/articleDetail/186771.

的书香氛围。2021年广州读书月以"百年润泽 书香致远"为主题，组织了400多场主题活动，开展了"探索阅读新领域"——2021年世界阅读日粤港澳创作比赛优秀作品展、2021年粤港澳"共读半小时"、第三届"广佛同城共读"活动、《广州大典》普及书系"广府名人读本系列"新书首发式等富有地方特色的阅读活动，提升书香羊城品牌阅读活动影响力[①]。"广州读书月"入选国家新闻出版署公布的2021年全民阅读优秀项目名单，成为广东省唯一一个入选项目[②]。

在行业主管部门对实体书店和全民阅读活动的大力扶持下，广州市在全民阅读工作和书香社会建设方面取得显著成绩。中国新闻出版研究院组织调查的2021广州居民阅读调查成果报告显示，广州市全民阅读综合实力显著，主要阅读指数均高于全国平均水平。2021年，全市居民阅读总指数为75.91点，其中个人阅读指数为77.71点，公共阅读服务指数为74.25点；数字阅读发展迅速，成年居民包括书报刊和数字出版物在内的各种媒介综合阅读率为90.3%，数字阅读接触率达86.3%；成年居民阅读基础良好，人均纸质书和电子书阅读量指标均较高，其中人均纸质图书阅读量为5.16本，电子书阅读量为3.52本；

[①] 广州日报.2021广州读书月今日开启 | 400多场主题活动等你来[EB/OL].（2021-04-01）[2023-12-26]. https://baijiahao.baidu.com/s?id=1695831326328046702&wfr=spider&for=pc.

[②] 广州日报.广州主会场、北京分会场同步开启 | 2021粤港澳大湾区出版创新对话举行[EB/OL].（2021-12-06）[2023-12-26]. https://baijiahao.baidu.com/s?id=1718398991391 2243186&wfr=spider&for=pc.

从区域分布看，广州市 11 个行政区中的天河区、越秀区、黄埔区达到优秀等级[①]。

二、软　件

广州是中国软件名城，近年来陆续出台了一系列软件产业扶持政策，推动软件产业发展。2021 年，广州市制定了《广州市软件和信创产业链高质量发展三年行动计划（2021—2023 年）》，通过实施"大信创、强平台、新应用、广布局"工程，打造"信创支撑、软件定义、应用带动"的万亿级软件产业集群，巩固提升软件产业在全市经济发展中的核心支撑地位。2021 年，广州市软件业务收入超过 5865 亿元，比 2020 年增长 18.52%，高于全省软件产业增速 3.07 个百分点，高于全国软件产业增速 1.46 个百分点，产业实力位居全国前列，见图 3-1[②]；广州市软件产业对全市税收的贡献能力较强，2021 年软件产业贡献税收收入达 268.3 亿元，占全市税收总额的 5.6%，同比增长 15.7%[③]。

---

① 广州日报. 广州成年人一年读 8.68 本书，这 3 个区阅读率最高！[EB/OL].（2022-03-31）[2023-12-26]. https://baijiahao.baidu.com/s?id=1728823040171460546&wfr=spider&for=pc.

② 数据来源：工业和信息化部《2021 年软件和信息技术服务业年度统计数据》。

③ 南方网. 广州软件产业规模快速增长，"元宇宙"还远吗？[EB/OL].（2022-07-06）[2023-12-26]. https://news.southcn.com/node_54a44f01a2/1455e82d46.shtml.

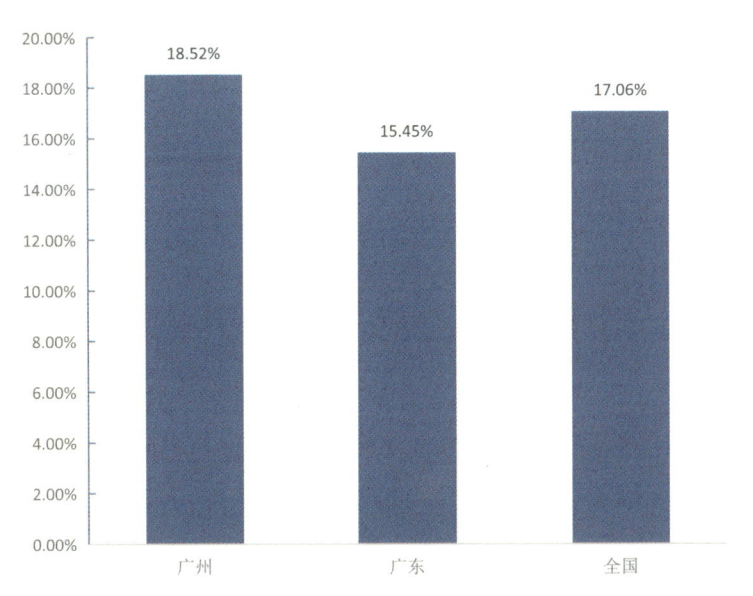

图 3-1　2021 年广州市软件业务收入增速与全省、全国的比较

　　近年来，广州市着力构建自主可控的产业链供应链，解决"卡脖子"问题，注重培育具有核心竞争力的本土软件企业，软件企业实力稳步增强，创新能力不断提升。2021 年，广州市营业收入超过 2000 万的规模以上软件企业超过 2000 家，其中营业收入过亿元的企业超过 800 家，百亿级的企业或集团有 10 家，网易、津虹、唯品会、三七、虎牙、多益、趣丸、荔支、世纪龙等 9 家企业入选中国互联网百强、数量居全国第三，40 多家企业在主板或海外上市，中望龙腾成功登陆科创板，成为国内 A 股首家研发设计类工业软件上市企业[①]；2021 年全市软件产

---

① 南方网.处长讲政策 | 广州软件产业规模快速增长，"元宇宙"还远吗？[EB/OL].（2022-07-06）[2023-12-26]. https://news.southcn.com/node_54a44f01a2/1455e82d46.shtml.

业研发经费达 816 亿元，同比增长 17.9%，研发投入占主营收入比例达 11.5%，是传统制造业企业的 5—8 倍；全市新增软件著作权 7.44 万件，同比增长 13.6%；软件产业技术合同成交额达 1230 亿元，同比增长 33%，占全市技术合同成交额的 51%[①]。

  广州市软件产业在通信信息化、智慧城市、金融信息化、云计算、教育信息化、工业软件等领域具有领先优势，并在相关细分行业领域培育出一批推动制造企业数字化转型的优秀软件企业，助力全市优势产业升级改造。广东三维家信息科技有限公司依托大数据、云计算等技术实现家具智能布置、智能匹配样板间、一键出全景图、智能排版等多项功能，助力家具企业"生产数字化"，板材利用率最高达 95% 以上，交货周期从 30 天缩至 4—7 天[②]。致景信息旗下的纺织行业工业互联网平台，为纺织服装企业提供面辅料、打版、样衣、大货生产一站式柔性供应链服务，推动传统纺织行业数字化升级。广州市还针对纺织服装、箱包皮具、珠宝首饰等传统产业集群，依托相关软件企业建设行业级工业互联网平台，为行业打造销售、设计、生产、仓储、物流、售后服务等各环节数字化转型解决方案，其中花都箱包产业链协同制造平台已进驻 77 家企业，

---

① 南方日报.22 年"扩容"近 200 倍"广州软件"活力何来 [EB/OL].（2022-07-19）[2023-12-26]. https://baijiahao.baidu.com/s?id=1738743925045520194&wfr=spider&for=pc.

② 南方日报.22 年"扩容"近 200 倍"广州软件"活力何来 [EB/OL].（2022-07-19）[2023-12-26]. https://baijiahao.baidu.com/s?id=1738743925045520194&wfr=spider&for=pc.

企业降低软件方面成本 80% 以上，节省成本超过 3.5 亿元[①]。

三、游戏电竞

广州是中国游戏产业重镇，2017—2021 年广州市游戏产业营业收入从 595.83 亿元增至 1082 亿元，广州游戏产业营业收入约占全国的四分之一。目前，全市有游戏企业 3000 余家，上市游戏企业 14 家，拥有网易、三七互娱、多益网络等一批龙头企业，在全国具有广泛的知名度和影响力。[②]

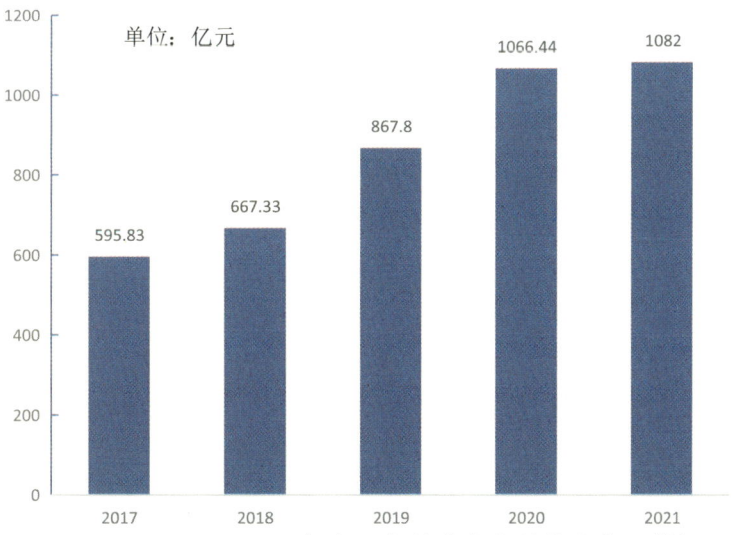

图 3-2　2017—2021 年广州市游戏产业的营业收入数据

---

① 中国新闻网. 广州打造数字经济生态 软件和信息服务业半年营收近三千亿元 [EB/OL].（2021-07-28）[2023-12-26]. https://baijiahao.baidu.com/s?id=1706537970448511245&wfr=spider&for=pc.

② 新快报. 广州游戏产业营收超千亿约占全国 25% 集聚企业超 3000 家 [EB/OL].（2023-01-05）[2023-12-26]. http://app.myzaker.com/news/article.php?pk=63b6d0fd1bc8e0883b000035.

近年来，广州市游戏企业不仅在国内市场取得优异成绩，还纷纷布局海外市场，游戏出海步伐逐渐加快。2021年，网易游戏向海外市场推出多款自研精品游戏，其中《永劫无间》入选权威游戏平台Steam 2021"年度最畅销游戏（铂金）"和"年度最热新品（铂金）"，网易游戏海外营业收入占游戏整体营业收入的约10%[1]。目前，网易游戏用户已覆盖超200个国家和地区[2]。三七互娱在游戏题材、玩法内容、推广素材等方面不断创新，开发了《我是大掌柜》《斗罗大陆：魂师对决》等具有中华文化特色的游戏。2021年，三七互娱全球发行的《叫我大掌柜》《云上城之歌》等多款游戏海外收入创下新高，公司海外游戏业务营业收入47.77亿元，较上年同期增长122.94%，连续两年海外收入保持三位数增长[3]，境外收入在公司总收入中的比重已达30%[4]。

依托游戏产业优势，广州市电竞产业也取得快速发展。

---

[1] 新华社.传统文化，转化发展[EB/OL].（2022-12-05）[2023-12-26]. https://baijiahao.baidu.com/s?id=1751338686923111964&wfr=spider&for=pc.

[2] 金羊网.游戏大厂深视角之走进网易游戏：向全球输出有影响力的中国文化符号[EB/OL].（2022-09-15）[2023-12-26]. https://news.ycwb.com/2022-09/15/content_41047359.htm.

[3] 证券时报.三七互娱2021年营收超162亿元 元宇宙布局提速[EB/OL].（2022-04-27）[2023-12-26]. https://baijiahao.baidu.com/s?id=1731245011644602059&wfr=spider&for=pc.

[4] 界面新闻.三七互娱2021年总收入162.16亿元，海外营收持续三位数增长[EB/OL].（2022-04-27）[2023-12-26]. https://baijiahao.baidu.com/s?id=1731176958081632682&wfr=spider&for=pc.

2021年，广州市人民政府新闻办公室在广交会与广州国际消费中心城市建设新闻发布会上提出，广州将努力打造电竞等具有吸引力的"Z世代"时尚体育消费场景，电竞产业将在加快推进国际消费中心城市建设中扮演越来越重要的角色。目前，广州市已经构建起较为完善的电竞产业链条，广州市电竞行业协会在册的电竞企业共有43家，涵盖赛事运营、教育培训、俱乐部、游戏开发、软件信息技术服务等各个环节[1]。2021年5月，粤港澳电竞发展研究院正式挂牌成立，成为华南地区首家电子竞技研究创新基地，不但在学术研究上填补了大湾区电竞产业理论研究的空白，而且还将在电竞标准化工作、人才培养、产业交流等方面发挥积极作用。

广州市在市级层面提出打造"动漫游戏产业之都""全国电竞产业中心"的目标，天河、黄埔等区级政府部门也纷纷出台相关扶持政策，推动游戏电竞产业加快发展。2021年1月25日，天河区发布《广州市天河区关于扶持游戏产业健康发展的实施意见》，提出将围绕产业主体、产业集聚、产业人才、科技金融、电竞产业、产业环境、保障措施等7大要素给予游戏产业精准扶持，包括支持原创精品游戏研发，每款游戏产品给予研发企业10万元奖励，鼓励天河软件园各分园引进及留住游戏企业最高可给予100万元支持，对营业收入亿元以上新

---

[1] 广州日报.广州电竞产业调查：高速发展下"出圈"又"出海"[EB/OL].（2021-11-30）[2023-12-26]. https://baijiahao.baidu.com/s?id=1717862998459001522&wfr=spider&for=pc.

落户游戏企业分三年给予最高 1.5 亿元奖励，对符合条件的游戏业人才每年给予最高 10 万元奖励，对符合条件的重点电竞产业项目、电竞场馆、电竞赛事主办方最高给予 500 万元支持等。黄埔区在"文创10条"的基础上于 2021 年 9 月 29 日推出"文旅 10 条 2.0"，明确鼓励做大做强游戏产业，包括原创网络游戏获批版号并正式上线运营的每款作品奖励 20 万元，原创游戏作品获得国际国内著名奖项的一次性奖励 100 万元，对落地生根的电竞企业给予最高 1000 万元落户奖励等。

四、超高清视频

自 2017 年《广州市开展新型数字家庭行动促进 4K 电视网络应用和产业发展试点工作方案》《广州市加快发展超高清视频产业行动方案》等政策措施出台、实施以来，超高清视频产业已成为广州市的战略性新兴产业之一，也是广州市重要的经济增长点。该产业初步形成覆盖摄、采、编、存、传、显的超高清视频全产业链，相关企业超过 100 家[1]。2021 年，广州市超高清视频产业实现制造业产值达 2253 亿元，比上年增长 12.5%[2]，超高清面板产能全国第二，年产能超过 340 万平方

---

[1] 第一财经. 迈向"世界显示之都"：广州超高清视频产业的十年磨剑 [EB/OL]. （2022-08-23）[2023-12-26]. https://baijiahao.baidu.com/s?id=1741949420997739002&wfr=spider&for=pc.

[2] 郭永航主编. 广州年鉴 2022[M]. 广州：广州年鉴社，2022：223.

米①。

广州也是我国国家级超高清视频显示产业的先行者和示范区，是工信部、国家广电总局联合认定的全国首个"超高清视频产业发展试验区"核心城市，在产业发展方面获得 5 个全国第一：完成全国首个 4K 电视应用示范小区建设，开办国内首个城市台 4K 超高清频道，建设全国首个全 IP 架构的超高清播出系统，完成全国城市站首个智能本地化超高清演播室改造，设立国内首个超高清视频创新产业示范园区。广州已成为国内最大的超高清视频显示产业基地之一，产业发展水平在全国居于领先地位。2020 年底，由广州牵头创建的广佛惠超高清视频和智能家电产业集群在工信部先进制造业集群决赛中脱颖而出，成为全国重点集群培育对象。目前，广州市超高清显示模组及电视主控板卡产量、4K/8K 影视节目生产能力、居民 4K 机顶盒普及率全国领先②。

近年来，广州市超高清视频产业自主化研发水平不断提高，在关键核心技术方面不断寻求突破，打破产业发展的瓶颈问题，企业创新发展取得一定成绩。广东聚华印刷及柔性显示中心获批国家制造业创新中心，柯维新数码研发的 AVS2 4K 超高清编码器助力中央广播电视总台开播国内首个超高清卫星电视频

---

① 第一财经. 迈向"世界显示之都"：广州超高清视频产业的十年磨剑 [EB/OL].（2022-08-23）[2023-12-26]. https://baijiahao.baidu.com/s?id=1741949420997739002&wfr=spider&for=pc.
② 郭永航主编. 广州年鉴 2022[M]. 广州：广州年鉴社，2022：223.

道，扳手科技首创国产高速、高清摄像机，天誉创高、魅视电子研发的 4K 超高清拼接屏控制系统等加快产业化。博冠光电研制成功了中国首款"8K+5G+AI"超高清摄像机，并于 2021 年成功销往日本市场，打破了以进口品牌为代表的国外巨头对超高清摄录设备的长期垄断。2021 年 5 月 8 日，国内第一家超高清影像馆在广州越秀区流花展贸中心揭幕。该馆是国内第一家以纪录片为主题的超高清影像馆，其中 8K 超高清影厅的 LED 银幕共 62.38 ㎡，是目前华南最大的室内 LED 银幕[①]。

不过，当前广州市超高清视频产业在图形图像采集设备、处理及编辑系统、存储设备、VR/AR、可穿戴设备等方面仍缺乏龙头企业和知名品牌，对海外市场依赖度较高，外向型企业增长乏力，成为产业发展的短板。

五、纺织服装

纺织服装是广州市五大传统优势产业集群之一。2021 年，为克服新冠肺炎疫情冲击、原材料价格波动、海外市场疲软等因素的不利影响，广州市纺织服装产业持续转变发展方式，加快数字技术和产业深度融合，行业发展多项指标保持增长，工业总产值增长 13.6%，销售产值增长 13.1%，营业收入增长 3.7%，

---

① 广州广播电视台. 广州超高清视频产业有多强？五大亮点逐个看 [EB/OL].（2021-06-24）[2023-12-26]. https://gdxk.southcn.com/gzk/xwbd/content/post_686258.html.

出口交货值增长 15.4%[1]。

广州市作为全国重要的纺织服装产业基地，存在研发设计能力弱、同质化严重、信息化水平低、供应链反应慢、款式更新周期长等问题，出现畅销款断货、滞销款库存积压的情况，影响了企业发展。近年来，广州市以建设全球首批"定制之都"城市为契机，通过打造纺织服装行业专业化特色工业互联网平台，培育服装企业定制化发展新模式，推动产业集群向个性化、柔性化方向转型发展。荣获"2021广州独角兽创新企业"的致景科技，牵头搭建了纺织服装行业专业化工业互联网平台，旗下包括百布、全布、天工、飞梭智纺等多个业务板块，覆盖全产业链上中下游，为服装企业提供面辅料、打版、样衣、大货生产一站式柔性供应链服务，大大缩短纺织服装产业生产周期，推动行业数字化升级。相关数据表明，使用相关数字化平台的广州服装企业面料采买成本降低 20%，设计款式爆款率平均提升 20%，服装打版、样衣上新时间由行业内平均 7 天时间缩短至 3—5 天，一版通过率[2]达 90% 以上，成衣量产制造的首单起订量可降低至 50—100 件，成衣订单交货期可缩短到 7—30 天，能够实现"小单快反"生产，有力提升了企业的生产效率和市场竞争力。例如，广州蓝尊网络科技有限公司以往开发一款新版平均需要 7 天以上时间，平均每月只能开发 100 多款，对于一些复杂的款式版型无法及时完成大批量的生产。

---

[1] 郭永航主编. 广州年鉴 2022[M]. 广州：广州年鉴社，2022：230.
[2] 指一次性交付任务成功的通过率。

通过接入纺织服装集群专业化工业互联网平台，蓝尊公司开发一款新款版型的时间缩短至 5 天以内，月均开发新款能力提升 100% 以上，解决了复杂工艺款式的大货生产问题。[①]

增城区新塘镇作为全国最大的牛仔服装生产基地，是第一批国家级外贸转型升级基地之一和广州市唯一的纺织服装外贸基地。长期以来，新塘牛仔产业以出口为主，近年来通过加快推进网络销售、网络直播等电商新业态新模式，带动一批中小企业快速发展，积极推进牛仔纺织服装行业转型升级，不断开拓国内外新兴市场，取得一定成绩。早在 2014 年，阿里研究院发布的《中国淘宝村研究报告》中，新塘便以 9 个淘宝村领跑，成为全国首批"淘宝镇"。近年来，随着抖音、小红书等社交平台以及直播、社区团购等新兴线上渠道的快速发展，新塘牛仔企业与电商平台相结合，实行以"线上线下一体化"为主要特征的"新零售"模式，极大拓宽了国内的销售渠道。据统计，在新塘牛仔服装商贸城中，95% 以上是实体结合电商批发，并带动了周边近 2 万家商户专门从事网络销售[②]。仅在淘宝天猫一家平台，新塘牛仔服装店铺就超过 4000 家，年销售

[①] 数据来源：中国工业互联网研究院广东分院发布的《广州市特色产业集群数字化转型成果白皮书（2021 年）》。
[②] 广州日报. 重塑牛仔品牌新优势！广州增城"新塘牛仔"的转型之路这样走！[EB/OL].（2021-10-12）[2023-12-26]. https://baijiahao.baidu.com/s?id=1713426794147424201&wfr=spider&for=pc.

额约 120 亿元，是全国牛仔服装销售额最大的地区①。电商销售的快速发展在带动新塘服装企业规模壮大的同时，也推动企业加大提升研发设计能力，涌现了不少原创服饰品牌，改变了最初的代工生产模式，并推动新塘服装产业从过去的单一牛仔品类向全品类方向发展。为进一步推动原创品牌发展，发挥国家级外贸转型升级基地职能，新塘镇还与广东省服装服饰行业协会共同打造了新塘牛仔创新服务中心，启动了广州东大门时尚中心项目，促进新塘服装与文化融合发展，助力新塘服装产业实现高质量发展。

六、博物馆

近年来，广州市以建设"博物馆之城"为目标，不断优化完善具有广州特色的高质量博物馆体系，"十三五"期间建成开放南汉二陵博物馆、粤剧艺术博物馆、十三行博物馆等一批岭南文化特色的博物馆，逐渐打造成广州文化新地标，博物馆事业取得长足进展。2021 年，广州市共有博物馆 66 家，占全省数量的 18%，位居全省首位②。

2021 年，广州市组织各博物馆举办建党百年系列展览活动，打造特色品牌，传承弘扬红色文化，将博物馆建设成红色

---

① 广东省服装服饰行业协会、广东省服装设计师协会.广东服装年鉴 2022[M].北京：中国纺织出版社，2022：35.
② 数据来源：广东省文化和旅游厅《广东省 2021 年度博物馆事业发展报告》。

文化宣传教育阵地，全年接待参观团体1.3万多批次，观众超过200万人次。其中，中共三大会址纪念馆入选中宣部红色基因库建设试点单位，"中国共产党第三次全国代表大会历史陈列"入选国家"庆祝中国共产党成立100周年精品展览"名单；广州博物馆"从黄浦潮到珠江潮——庆祝中国共产党成立100周年特展"入选国家文物局"弘扬优秀传统文化、培育社会主义核心价值观"100个主题展览推介名单；中华全国总工会旧址纪念馆基本陈列"启航——中华全国总工会在广州"入选"广东省庆祝中国共产党成立100周年精品展览""2021年广东省弘扬社会主义核心价值观主题展览"等名单。[①]

2021年，广州市各博物馆还在展览宣传模式方面大胆创新，打破展览时空的限制，走进群众生活，推动广州文化出新出彩。南汉二陵博物馆举办线上直播活动，观众可通过手机欣赏"寻迹羊城——2020年广州考古新发现"的展品，收听现场考古挖掘故事。南越王宫博物馆、广州地铁、广东省工艺美术珍品馆联手，在地铁站内举办了"名城广州两千年——南越国宫署遗址及文物主题展"。广东民间工艺博物馆以陈家祠堂为灵感设计出陈家祠积木，被评为全国百佳文化创意产品，受众在积木拼砌过程中可以感受岭南传统建筑文化的魅力。广州博物馆则与广州珠江啤酒股份有限公司打造了联名款"潮啤"，在国际博物馆日的文创非遗集市上亮相。

---

① 郭永航主编. 广州年鉴2022[M]. 广州：广州年鉴社，2022：391.

第四章 2021年广州市版权产业发展的总体分析

2021年，广州市努力将新冠肺炎疫情对经济社会发展影响降至最低，全市经济运行持续恢复，版权产业发展稳中有进，主要经济指标保持增长，实现"十四五"良好开局。调研显示，2021年广州市版权产业的行业增加值为2798.39亿元人民币，占全市GDP的比重为9.91%；就业人数为108.90万人，占全市就业人数的比重为9.36%；商品出口额为81.43亿美元，占全市商品出口额的比重为8.34%，对促进经济发展、稳定就业岗位、扩大对外贸易作出重要贡献，见图4-1。2021年广州市版权产业发展呈现下列特点。

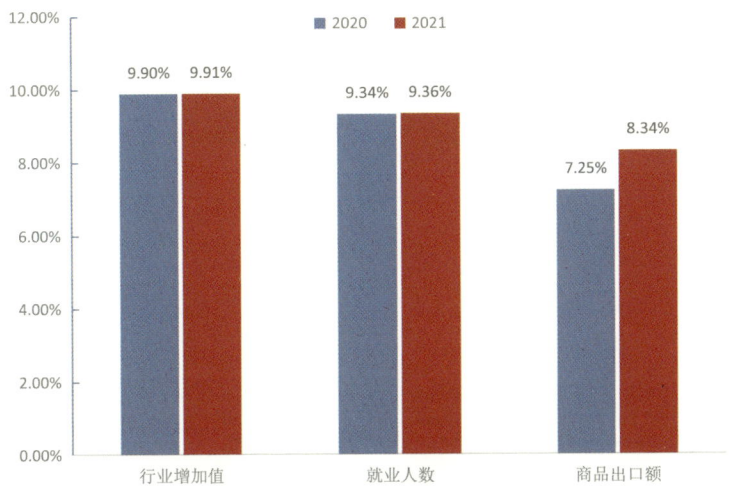

图4-1 2020—2021年广州市版权产业的行业增加值、就业人数和商品出口额占全市比重

一、版权产业保持全国领先水平，核心版权产业地位凸显

2021 年，广州市版权产业的行业增加值比 2020 年增长 12.98%，增速较 2020 年提高 6.99 个百分点；版权产业在全市 GDP 中的比重比 2020 年提高 0.01 个百分点，在全市发展中的地位得到进一步巩固，见图 4-2。

2021 年，全国版权产业占 GDP 比重为 7.41%，广州市版权产业占全市 GDP 的比重高于全国版权产业比重 2.50 个百分点，版权产业发展水平继续保持全国领先。其中，电子信息、新闻出版、游戏电竞、动漫、纺织服装、定制家居等行业发展规模位居全国、全省前列。从国际范围来看，2021 年广州市版权产业增加值占 GDP 比重高于世界各国平均值 4.37 个百分点，高于发达经济体平均值 2.49 个百分点，广州市版权产业的经济贡献在国际上也处于较高水平。

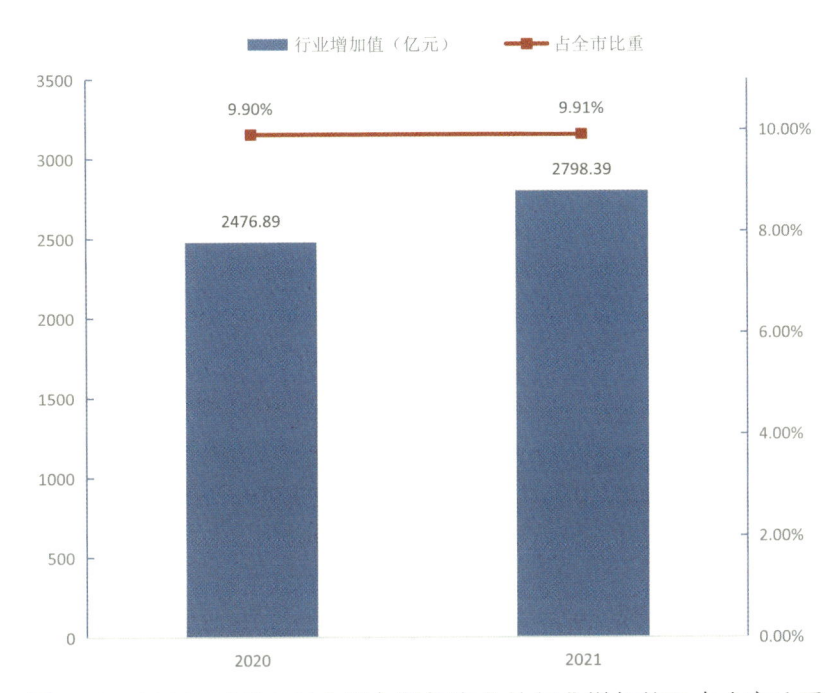

图4-2　2020—2021年广州市版权产业的行业增加值及占全市比重

2021年，广州市加大对出版、影视、动漫、游戏等核心版权产业的惠企保障力度。广州市核心版权产业的行业增加值为1818.14亿元，比2020年增长13.02%，增速高于版权产业0.04个百分点，核心版权产业占全市GDP的比重为6.44%，比2020年提高0.01个百分点；核心版权产业的就业人数为55.73万人，比2020年增长0.68%，在全市就业人数中的比重为4.79%，比2020年提高0.01个百分点，见图4-3。核心版权产业的行业增加值已占到版权产业的65%，就业人数已占到版权产业的51%，经济贡献更加凸显。

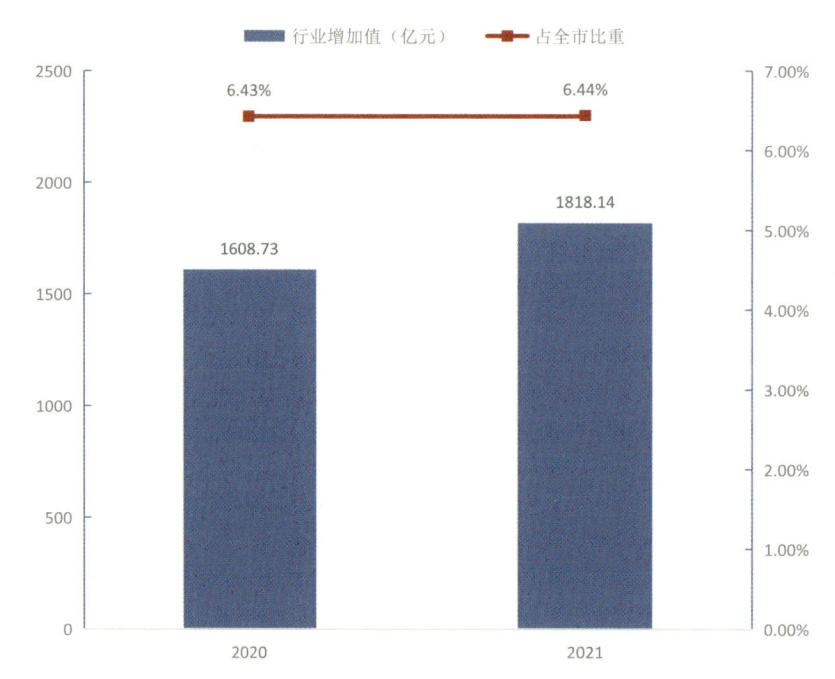

图 4-3　2020—2021 年广州市核心版权产业的行业增加值及占全市比重

二、版权产业影响力进一步增强，新兴产业保持快速发展

2021 年，广州市有 2 家企业被评为全国版权示范单位，1 个园区被评为全国版权示范园区（基地）；在动漫领域，共有 15 个动漫作品入选中宣部"原动力"中国动漫出版扶持计划，数量居全国首位，9 部动画片获评优秀国产电视动画片，2 部作品获广东省"五个一工程奖"，动漫 IP《如果历史是一群喵》入选由中央和国家机关工委主办的"让党中央放心，让人民群

第四章 2021年广州市版权产业发展的总体分析

众满意"大型成就展[①]，咏声动漫获第十三届"全国文化企业30强"提名企业；在影视领域，广州参与出品的4部电影获第34届中国电影金鸡奖3项大奖、6项提名[②]，《拆弹专家2》和《中国医生》连创电影票房超10亿元的广东电影历史性记录，全年电影票房位居全国各城市第四位[③]；在阅读领域，广州读书月入选国家新闻出版署公布的2021年全民阅读优秀项目名单，为广东省唯一一个入选项目；在游戏领域，网易游戏、三七互娱等推出的多款游戏走向海外市场，海外收入占比进一步提升，国际市场影响力持续扩大。

在新兴产业领域，软件和信息技术服务、超高清视频显示发展迅速，创新能力增强，已成为广州市版权产业发展新的经济增长点。2021年，广州市新注册软件企业6.6万家，比2020年增长1.8倍[④]，软件业务收入超过5865亿元，比2020年增长18.52%，增速分别高于全省3.07个百分点和全国1.46个百分点[⑤]；超高清视频产业成为全国重点集群培育对象，全年实现制造业产值达2253亿元，比2020年增长12.5%[⑥]。

[①] 广东省文化和旅游厅.广州多措并举打造"动漫之都" 动漫产业总产值全国领先[EB/OL].（2022-11-15）[2023-12-26].http://whly.gd.gov.cn/gkmlpt/content/4/4052/post_4052205.html#2628.
[②] 郭永航主编.广州年鉴2022[M].广州：广州年鉴社，2022：402.
[③] 郭永航主编.广州年鉴2022[M].广州：广州年鉴社，2022：400.
[④] 郭永航主编.广州年鉴2022[M].广州：广州年鉴社，2022：227.
[⑤] 数据来源：工业和信息化部发布的《2021年软件和信息技术服务业年度统计数据》。
[⑥] 郭永航主编.广州年鉴2022[M].广州：广州年鉴社，2022：223.

三、版权产业加快数字化转型，劳动生产效率得到提升

纺织服装、皮具箱包、珠宝首饰、家居等是广州市的传统优势制造业，也是版权产业的重要组成部分，在全国市场中占有重要地位。与此同时，这些行业近年来也面临着生产经营模式落后、数字化水平较低等问题，制约产业高质量发展。近年来，广州市加快构建现代产业体系，不断推动传统产业加快升级改造。

2021年，广州市启动实施以市领导为"链长"和以企业为"链主"的双链式"链长制"，推动关键环节强联补链，制定出台推进制造业数字化转型的政策文件，实施"定制之都"示范工程，加快推进纺织服装等传统优势产业的数字化改造进程，打造各行业工业互联网平台，促进相关企业向数字化、定制化、时尚化转型升级。目前，广州市纺织服装、皮具箱包、珠宝首饰、定制家居等产业集群均已建成数字化公共服务平台，打通产业链上下游环节，降低企业生产成本，压缩产品生产周期，不断适应市场竞争需求，在定制化发展新模式方面取得显著成绩。

在纺织服装领域，致景科技牵头搭建的纺织服装行业专业化工业互联网平台，不但使企业的服装款式月均开发数量大幅增长，而且还压缩了服装打版的时间和面料采买成本，成衣订单交货期可缩短到7—30天，满足了服装企业"小单快反"的生产模式。在定制家居领域，广州市建设了定制家居服务平台，

为全市 20 多家企业提供数字化技术服务[1]；2020—2021 年间共 20 多家企业入选广州市"定制之都"示范（培育）单位名单，入选数量位居各行业前列[2]；索菲亚等 3 家家居企业入围工信部第三批服务型制造示范名单，欧派入选第五批国家级工业设计中心[3]，在家居定制和柔性化生产方面走在全国前列。

四、版权产业出口额增长迅速，视听电子产品占比最大

近年来，广州市出台推动贸易高质量发展的举措，积极参与"一带一路"建设，带动版权产业对外贸易实现快速增长。2021 年，广州市版权产业商品出口额为 81.43 亿美元，比 2020 年增长 43.60%，高于全市出口额增速 18.79 个百分点；版权产业商品出口额在全市出口总额中的比重为 8.34%，比 2020 年提高 1.09 个百分点，见图 4-4；版权产业出口额增速及在全市出口总额中的比重均为近年来最高。

---

[1] 数据来源：中国工业互联网研究院广东分院发布的《广州市特色产业集群数字化转型成果白皮书（2021 年）》。
[2] 参见广州市工业和信息化局发布的第一批和第二批广州市"定制之都"示范（培育）名单，详见 http://gxj.gz.gov.cn/yw/tzgg/content/post_6531499.html 和 http://gxj.gz.gov.cn/gkmlpt/content/7/7869/mpost_7869676.html#119。
[3] 郭永航主编. 广州年鉴 2022[M]. 广州：广州年鉴社，2022：221.

2021 年广州市版权产业的经济贡献

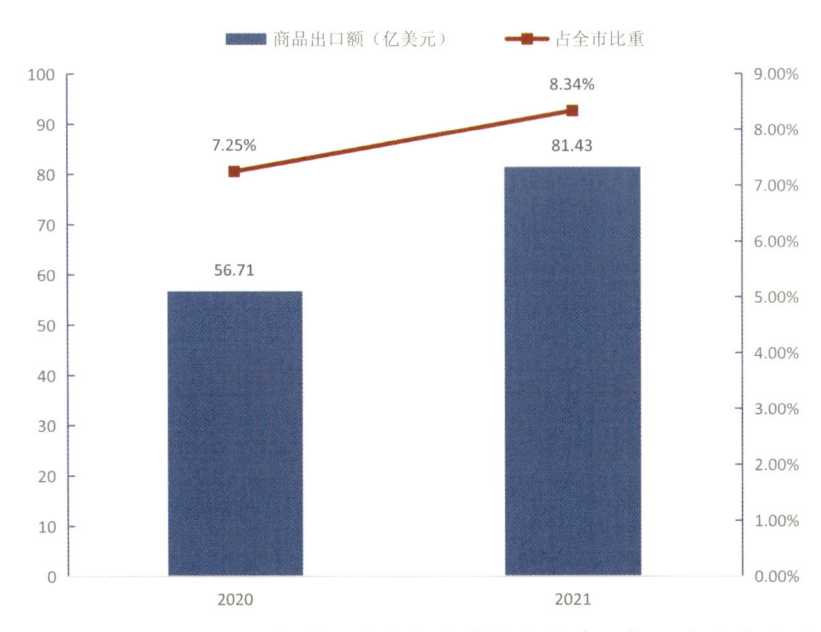

图 4-4　2020—2021 年广州市版权产业的商品出口额及占全市比重

广州市版权产业商品出口额的增长点为视听电子产品[①]。近年来，广州市全力打造"世界显示之都"，加大对超高清视频显示产业的扶持力度，出台《广州市超高清视频产业发展行动计划（2021—2023 年）》等政策文件，推动一批重大项目落地开工，超高清面板产能已位居全国第二[②]，视听电子产品出口快速增长。2021 年，广州市视听电子产品的商品出口额为 57.61 亿美元，比 2020 年增长 58.14%，增速高于版权产业

---

① 主要包括电视机、智能手机等类似设备和计算机及其设备两个产业组。
② 第一财经. 迈向"世界显示之都"：广州超高清视频产业的十年磨剑 [EB/OL].（2022-08-23）[2023-12-26]. https://baijiahao.baidu.com/s?id=1741949420997739002&wfr=spider&for=pc.

出口额 14.54 个百分点、高于全市出口总额 33.33 个百分点，增速创近年来新高，对版权产业出口增长的贡献最为显著，见图 4-5；视听电子产品的出口额已占到广州市版权产业出口额的 70.75%。

视听电子产品出口的贸易方式也得到优化，产业链长、增值率高的一般贸易出口额占比进一步提高。2021 年广州市视听电子产品出口中一般贸易占比已达 61.04%，比 2020 年增长 14.91 个百分点，一般贸易占比首次超越加工贸易成第一大出口贸易方式。这一系列数据表明广州市超高清视频产业的自主发展能力进一步增强。

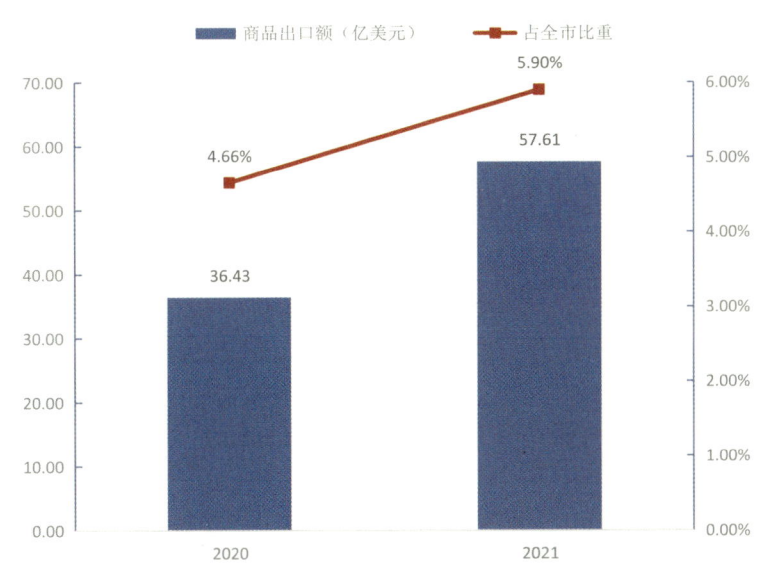

图 4-5 2020—2021 年广州市视听电子产品的商品出口额及占全市比重

第五章　广州市版权工作开展情况及政策建议

近年来，中央和广东省十分重视包括版权在内的知识产权工作，出台了《知识产权强国建设纲要（2021—2035年）》《"十四五"国家知识产权保护和运用规划》《版权工作"十四五"规划》《广东省知识产权保护和运用"十四五"规划》等相关政策规划。2022年9月，广东省人大常委会审议通过了《广东省版权条例》，从版权创造与运用、版权保护、版权管理与服务等各个环节对版权工作进行制度设计，为今后广州市不断提升版权工作水平提出了新要求。为进一步深入了解广州市版权产业和版权工作发展状况，课题组对广州市版权工作开展情况进行了调研总结，并整理了其他城市在提升版权工作水平方面的先进经验做法，提出了优化版权工作的对策建议，以期为推动广州市版权工作和版权产业发展迈上新台阶提供参考借鉴。

一、近年来广州市版权工作的开展情况

近年来，广州市版权工作以习近平新时代中国特色社会主义思想为指导，深入贯彻党的二十大精神和习近平总书记关于加强知识产权保护工作的一系列重要指示精神，综合运用法律、

政策、经济、行政和技术等手段，全面加强版权创造、运用、保护、管理和服务，版权工作取得显著成绩[①]。

（一）强化版权行政执法监管

广州市版权局不断优化版权执法工作机制，联合市公安局、市文化广电旅游局和广州海关等部门共同签署《广州市版权执法协作机制备忘录》，开展打击网络侵权盗版"剑网"专项行动、全市青少年版权保护工作、冬奥版权保护集中行动、打击院线电影盗录传播集中行动等各类专项活动，加大对侵权盗版行为的打击力度，连续多年公布年度广州市打击侵权盗版典型案件，进一步营造了全市版权保护氛围。

（二）进一步巩固软件正版化

广州市版权局修订印发《广州市推进使用正版软件工作联席会议工作制度》，加强推进软件正版化工作联席会议各成员单位协调配合；联合市卫健委、市教育局、市人社局等部门共同推进全市卫生、教育系统使用正版软件工作；高标准完成广东省软件正版化工作考核迎检，在2022年的省考核工作中，广州市73家单位操作系统和办公软件正版化率均达100%，成绩在全省排名前列。

---

① 本部分广州市版权工作数据如无特殊说明，均来自广州市委宣传部（广州市版权局）。

（三）持续开展版权示范创建

广州市版权局持续发挥版权示范创建工作的引领作用，积极开展全国版权示范单位、广东省版权兴业示范基地和广东省最具价值版权作品申报创建工作。截至 2023 年 6 月，全市已获评"中国版权金奖"3 个、全国版权示范园区（基地）2 个、全国版权示范单位 6 家、国家版权贸易基地 1 个，建成广东省版权兴业示范基地 31 个，打造"广东省最具价值版权作品"28 个，版权示范创建走在全省前列。

（四）加大版权登记资助力度

广州市版权局加强对作品著作权登记资助工作的监管和指导，组织协调全市作品登记机构做好著作权登记服务，广州市作品著作权登记数量在全省名列前茅。为更好地激发著作权人创作和登记的积极性，广州市版权局重新修订了《广州市作品著作权登记政府资助办法》，2022 年已受理作品登记资助 13450 件，资助金额超过 204 万元。

（五）深入推进版权基层服务

广州市版权局持续进驻广交会和广州文交会等重大展会，按照"快受理、零障碍，快处置、零延误"原则，做好版权咨询、宣传和纠纷处理服务。积极推动区级版权工作服务站，2021 年在荔湾区永庆坊设立首个区级版权服务和保护工作站，在黄埔区大湾区数字娱乐产业园设立首个区级版权和金融服务工作站；2022年在海珠区设立琶洲会展与数字经济版权保护服务工作站、图批创新中心版权保护服务工作站，在南沙区引进广州南沙版权产业服务中心提供版权一站式服务，推动版权服务向基层延伸。

（六）多措并举开展宣传培训

广州市版权局将版权宣传培训活动纳入全市普法宣传教育，充分利用"4·26知识产权宣传周"、广交会、文交会等重要节点，打造"创意花城"版权宣传品牌，持续开展版权进机关、进园区、进市场、进展会、进社区、进校园等系列活动。自2017年起每年举办"版辩羊城·权论新篇"广州大学生辩论邀请赛，提升青年群体的版权保护意识。

二、其他地区版权工作的先进经验做法

为进一步提升广州市版权工作水平，课题组还结合近年来广东省内外其他城市版权工作的先进经验，梳理了相关优秀做法，供有关部门参考借鉴。

（一）上海：创新机制加强网络版权保护

上海市版权局不断探索创新网络版权保护机制，为版权产业发展保驾护航。市版权局牵头成立了上海市网络版权保护综

合治理领导小组，强化对大型网站的版权监管，执行"通知—删除"等必要规则，在案件查办协作、执法信息沟通等方面形成良好互动。

上海市版权局利用互联网版权监测平台，以国家版权局公布的重点作品版权保护预警名单为监测重点，建立重点作品白名单制度，依托第三方海量音视图文特征提取与比对、数据采集、云计算及大数据等技术，实现全作品、全平台、7×24全时段版权监测，一般侵权线索及时进行通知删除，重大侵权线索将及时移送执法单位。"十四五"以来，对重点作品侵权链接总体通知下线率超过90%，有效净化了网络版权环境。[1]

上海市版权局还加强与法院、仲裁院等机构的合作，发挥政府、法院与行业组织在版权纠纷调解方面的积极作用，推动版权"诉仲调"三个环节的无缝对接，实现先调解、再仲裁、最后诉讼的模式，大大降低了企业的司法成本。市版权局还指导成立了互联网视频企业自律联盟，不仅规范了企业的版权使用行为，在打击盗版侵权方面发挥了很大的作用，还推动企业抱团合作，促进网络传播权的有效互换，减少了视频网站的诉讼案件数量。

---

[1] 中国新闻出版广电报.上海：筑牢版权法治保障 支撑创新上海建设[EB/OL].（2022-11-10）[2023-12-26].https://mp.weixin.qq.com/s?__biz=MzIyNjYyOTQ5NQ%3D%3D&mid=2247501141&idx=1&sn=25995b4cd2eea7f9600f00e1bc95af64&scene=45#wechat_redirect.

（二）南通：推进线上线下全链条版权成果转化

江苏省南通市作为全国最大的家纺市场，家纺产业占有举足轻重的地位。近年来，南通市针对当地产业特点，打通线上线下"全链条"版权成果转化运用，推动当地家纺产业高质量发展。

在线下，截至2022年底南通市已连续举办十七届"张謇杯"家纺画稿作品设计大赛、中国家纺画稿交易会，促进家纺领域版权成果转化运用。其中，"张謇杯"中国国际家用纺织品产品设计大赛吸引美、德、意等国家纺画稿设计机构、高等院校、家纺成品企业2000多家，展出画稿40多万幅[1]，成为影响力较大的国际性家纺设计赛事，持续引领家纺花型创意设计潮流。大赛设立的"中国家纺设计市场潜力奖"重视家纺设计作品与市场接轨，让产品更具市场性和实用性，极大地促进了设计成果的转化运用。

在线上，南通市建有第五街、设界、中国（南通）家纺花型互联网交易中心（瓦栏）、"稿定了"四大家纺花型交易平台，近年来花型市场交易份额不断攀升，影响力不断扩大，成为引导IP赋能家纺版权产业发展的新引擎。2022年，南通市家纺

---

[1] 南通日报. 南通版权作品亮相深圳文博会主题展——版权"全链条"激活发展核心力[EB/OL].（2023-06-09）[2023-12-26]. https://www.nantong.gov.cn/ntsrmzf/ntxw/content/a4d22452-6e96-423e-a8a4-0d2f27fcfc1f.html.

花型线上线下交易总额达12亿元，带动家纺产值达2400多亿元，产品占据国内半壁江山，远销150多个国家和地区[①]。

（三）佛山、东莞：加大版权资金资助和奖励扶持力度

广东省佛山、东莞等市依托国家级和省级版权示范创建工作基础，还开展了市级版权示范单位培育工作，并加大对各级版权示范单位和著作权登记的资金资助和奖励扶持力度，有效激发了示范创建工作的开展和著作权登记热情，减轻了著作权人的登记负担，进一步鼓励了优秀作品创作传播，在促进版权有效运用方面发挥了积极作用。

根据《佛山市版权示范单位、园区和优秀版权作品认定资助办法》有关规定，佛山市版权局对有关单位和作品进行奖励扶持：被认定为佛山市版权示范单位、园区的，一次性资助20万元；被认定为广东省版权兴业示范基地的，再一次性资助30万元；被认定为全国版权示范单位、园区（基地）的，再一次性资助50万元。被认定为佛山市优秀版权作品的，分别给予2万元至8万元的资助；被认定为广东省最具价值版权作品的，再一次性资助10万元；获得"中国版权金奖"的企业、社会组织和作品，一次性资助100万元。

佛山市版权局《佛山市作品著作权登记资助办法》规定，

[①] 南通发布. 以示范创建为引领 实现南通版权工作新突破[EB/OL].（2023-04-26）[2023-12-26]. http://apitest.newaircloud.com/detailArticle/21559546_10325_ntfb.html.

著作权登记资助对象包括一般作品和计算机软件，一般作品著作权登记的资助标准为每件250元，计算机软件著作权登记的资助标准为每件500元。该办法对同一公民和组织的每年度受资助的作品数量上限分别为50件和150件；但国家级、省级和市版权示范单位、园区著作权人的作品，国家级、省级非物质文化遗产传承人创作的非物质文化遗产作品，中国工艺美术大师创作的工艺美术作品，不受资助作品数量的限制。

东莞市通过出台《进一步推进我市版权工作的意见》等版权工作"1+3"政策文件，进一步优化东莞市版权示范单位、优秀版权作品认定条件，开展市级版权示范单位和优秀作品的评选工作，加大对企业和个人著作权登记资助力度。根据东莞市现行政策，被认定为东莞市优秀版权作品的，资助2万元；被认定为广东省级或国家级优秀版权作品（最具价值版权产品）的，再分别资助4万元和6万元。

（四）潍坊：以示范创建推动基层版权工作发展

近年来，山东省潍坊市以创建全国版权示范城市为引领，按照"全市域参与、全方位服务、全链条保护、全产业推动"的总体思路，不断提升版权工作水平，形成版权高质量发展"潍坊模式"。

在示范创建过程中，潍坊市结合版权产业发展实际需求，充分考虑地方特色优势，相继成立教育、新闻出版传播、摄影、书画、非遗、高新技术、软件、工艺美术（黄金珠宝）、现代农业和纺织服装等十大行业版权保护联盟，形成行业自律、相互监督、优势互补、互利互惠、资源共享的合作模式，迅速提升了相关行业版权创新、保护、运用能力和水平，极大地激发了市场创造活力。

为打通版权服务的"最后一公里"，潍坊市在深入开展中心城区版权保护和服务工作的同时，还依托县市区、街道办事处的文化站（馆）建立起了版权服务站，由山东省教育版权数据运营中心负责版权登记、审核和日常宣传等工作。潍坊市已在全市城乡文化站（馆）、重点企业、高校和镇村建立了 306 个服务站点[①]，版权服务已辐射到镇村区域，不仅提高了基层群众的版权保护意识，还让各地特色的非遗和文创作品的版权得到保护。例如，针对寒亭区风筝企业较多的特点，潍坊市在该区设立版权服务平台，建立数据库，对风筝制作进行版权登记和保护，严厉打击侵权盗版行为，对 300 多个风筝形象进行版权登记[②]，催生了一大批新创作的风筝作品。

潍坊市还加大对各基层版权服务站的管理和指导，启动"版权示范文化站（馆）"评选活动。目前，潍坊市不但在国家级和省级版权示范单位数量方面位居全省前列，而且还累计评选

[①] 中国新闻出版广电报．奋发有为　推动潍坊版权事业新发展[EB/OL]．（2022-09-13）[2023-12-26]．http://www.sdxc.gov.cn/llwz/xxzk/202209/t20220913_10804168.htm．

[②] 潍坊日报．版权赋能　助力城市高质量发展——我市创建全国版权示范城市综述[EB/OL]．（2023-06-17）[2023-12-26]．http://h5.wfrb.wfnews.com.cn/content/20230617/Articel03007MN.htm．

出市级版权示范单位44个，首批评选出版权示范文化站（馆）39个、版权示范中小学32所以及乡村版权保护示范带头人、示范村镇及示范企业各100个[①]，形成了多领域多层次的版权示范创建集群，版权示范引领作用得到较好发挥。

三、新时代优化广州市版权工作的建议

虽然广州市版权工作已经取得一定的成绩，但也存在着一些问题，在提高版权保护力度、健全社会服务体系、版权运营能力建设等方面仍需要进一步完善。根据《广东省版权条例》和《广州市知识产权保护和运用"十四五"规划》有关精神，结合调研中反映的情况，课题组提出进一步优化广州市版权工作有关建议如下。

（一）加强对版权工作的组织领导

版权工作和版权产业发展涉及的行业面广，主管部门众多，需要从市级层面统筹协调，进一步理顺版权工作体制机制。《广东省版权条例》对各级政府职责、部门责任、考评机制等都做出明确要求。广州市应将版权工作和版权产业发展纳入全市国民经济和社会发展整体规划，在市级财政预算中切实保障版权

[①] 齐鲁晚报网.潍坊市成功创建全国版权示范城市[EB/OL].（2023-06-15）[2023-12-26]. https://baijiahao.baidu.com/s?id=1768775014996808023&wfr=spider&for=pc.

工作经费。市委市政府应建立版权工作和版权产业发展领导协调机制，统筹推进各项工作，研究解决重大问题；制定年度工作重点计划和各部门具体任务，形成工作合力；加大对各地区各部门的版权工作考评，将结果纳入政府绩效考核体系。

（二）优化版权创造创新激励机制

继续加大对版权创造创新的政策供给，解决行业发展主体面临的迫切需求，通过政策支持、资金投入和人才保障等方式，不断提高社会创新能力。加大对版权工作的专项资金财政投入力度。组织开展市级版权示范单位创建和优秀版权作品评选工作，对各级版权示范单位和优秀版权作品给予经费奖励和其他政策支持，将中小微企业和创新示范成果纳入扶持范围。引导和鼓励企事业单位和个人进行作品登记，持续加大对作品登记工作的资助力度，扩大资助范围，对各类登记类型的作品进行资助全覆盖，提高现行资助金额标准和数量上限，对各级版权示范单位等重点对象不设资助数量的限制，进一步降低权利人的登记成本，鼓励社会各界不断创造创新。

（三）积极促进版权成果运用转化

持续健全版权运营交易要素，整合市内外有关资源，有效利用深圳文博会、广交会、广州文交会等各级大型展会和交易平台，积极组织市内有关单位参会，开展版权业务交流，促进版权授权交易和成果转化。进一步完善各级版权社会服务体系，持续推动版权工作站、版权保护中心、版权协会等社会服务机构向基层延伸，充分发挥其在版权登记、咨询服务、纠纷调解、宣传培训等方面的职能。不断优化版权金融服务，推动版权质押融资、版权证券化、版权保险产品开发等各项金融服务，积极建立版权价值评估标准，引导和支持商业银行开展版权融资服务，提升企业融资能力。

（四）提升版权行政司法保护能力

调研过程中相关企业反映侵权盗版现象较为突出，希望采取有关措施加大版权保护力度，维护企业合法权益。《广东省版权条例》作为地方性法规，对版权保护提出了具体要求，特别是对于重复侵权行为进行从重处罚的规定，为广州市强化版权保护提供了政策和法律依据。下一步，广州市应进一步完善版权执法协作工作机制，不断健全行政执法和司法保护衔接机制，优化立案程序和立案标准，提高行政执法工作效率；加强基层版权行政执法能力和队伍建设，持续开展重点领域、重点作品和重点群体的版权保护专项行动，特别是加大对互联网新业态的版权保护水平，查办一批大案要案；持续发布版权侵权典型案例，在国家和省级清单基础上建立健全市级重点作品版权保护预警名单；对重复侵权、恶意侵权等行为依法依规从重处罚，将版权领域严重违法行为纳入相关公共信用信息平台；加大版权侵权违法主体，营造良好的版权保护环境。

（五）提高版权宣传培训活动效能

加强对企业版权保护工作的业务指导，开展丰富多样的版权宣讲会和交流活动，针对不同类型的企业开展法律法规、作品登记、版权交易、维权渠道等各类培训活动，帮助企业解决发展中面临的困难。常态化开展全社会版权宣传教育活动，在"4·26"世界知识产权日等重要节点开展系列宣传活动，积极用社交媒体、短视频、互联网等新兴媒体扩大宣传覆盖面，针对不同社会群体开展差异化的特色宣传教育，定期向社会发布有关版权政策、典型案例等信息，提高全社会保护版权的意识。

附　录　版权产业的具体分类

附表1　与国民经济行业分类对应的核心版权产业具体分类

主要产业组	子　组	行业代码	类别名称
文字作品	作家作者	8810	文艺创作与表演
	译者	7294	翻译服务
	报纸出版	8622	报纸出版
	新闻社等	8610	新闻业
	杂志/期刊出版	8623	期刊出版
	图书出版	8621	图书出版
	数字出版	8626	数字出版
	问候卡和地图，工商名录和其他印刷品	8629	其他出版业
	图书、杂志、报纸和广告材料的印前样、印刷样和印后样	2311	书、报刊印刷
		2312	本册印制
		2319	包装装潢及其他印刷
		2320	装订及印刷相关服务
		7293	办公服务
	报纸和文学作品的批发和零售（书店、报刊亭）	5143	图书批发
		5144	报刊批发
		5243	图书、报刊零售
		7124	图书出租
	图书馆	8831	图书馆

· 79 ·

（续表）

主要产业组	子组	行业代码	类别名称
音乐、戏剧制作、曲艺、舞蹈和杂技	曲作家、词作家、改编者、舞蹈指导、导演、演员和其他人员	8810	文艺创作与表演
		8870	群众文体活动
		9011	歌舞厅娱乐活动
		9012	电子游艺厅娱乐活动
		9019	其他室内娱乐活动
		9090	其他娱乐业
	音乐录音制品的制作和制造	2330	记录媒介复制
		8624	音像制品出版
		8625	电子出版物出版
		8770	录音制作
		9012	电子游艺厅娱乐活动
	音乐录音制品的批发和零售（销售和出租）	5145	音像制品、电子和数字出版物批发
		5244	音像制品、电子和数字出版物零售
		7125	音像制品出租
	艺术和文字创作的表述	8810	文艺创作与表演
	表演及相关机构（订票处、售票处）	8820	艺术表演场馆
电影和影带	编剧、导演、演员	8810	文艺创作与表演
	电影和影带的制作和发行	8730	影视节目制作
		8750	电影和广播电视节目发行
	电影放映	8760	电影放映
	影带出租和销售，包括点播	7125	音像制品出租
	相关服务	2330	记录媒介复制
广播和电视	广播和电视制作和播出	8710	广播
		8720	电视
		8740	广播电视集成播控

（续表）

主要产业组	子　组	行业代码	类别名称
广播和电视	有线电视传输	6321	有线广播电视传输服务
	卫星电视传输	6331	广播电视卫星传输服务
	相关服务	6322	无线广播电视传输服务
摄　影	摄影	8060	摄影扩印服务
软件和数据库	规划、编程和设计	6511	基础软件开发
		6512	支撑软件开发
		6513	应用软件开发
		6519	其他软件开发
		6531	信息系统集成服务
		6532	物联网技术服务
		6540	运行维护服务
		6560	信息技术咨询服务
		6520	集成电路设计
		6571	地理遥感信息服务
		6572	动漫、游戏数字内容服务
		6579	其他数字内容服务
	批发和零售预装软件（商业程序、视频游戏、教育程序等）	5176	计算机、软件及辅助设备批发
		5273	计算机、软件及辅助设备零售
	数据库处理和出版	6421	互联网搜索服务
		6422	互联网游戏服务
		6429	互联网其他信息服务
		6550	信息处理和存储支持服务
		6431	互联网生产服务平台
		6432	互联网生活服务平台
		6433	互联网科技创新平台
		6434	互联网公共服务平台
		6439	其他互联网平台

（续表）

主要产业组	子　组	行业代码	类别名称
软件和数据库	数据库处理和出版	6440	互联网安全服务
		6450	互联网数据服务
美术与建筑设计、图形和模型作品	美术与建筑设计	3032	建筑用石加工
		5146	首饰、工艺品及收藏品批发
		5246	工艺美术品及收藏品零售
		7483	工程勘察活动
		7484	工程设计活动
		8810	文艺创作与表演
	图形和模型作品	7441	遥感测绘服务
		7449	其他测绘地理信息服务
		7483	工程勘察活动
		7484	工程设计活动
		7485	规划设计管理
		7486	土地规划服务
		7491	工业设计服务
		7492	专业设计服务
		7499	其他未列明专业技术服务业
广告服务	广告代理机构、购买服务（不包括发布广告费用）	7251	互联网广告服务
		7259	其他广告服务
版权集体管理与服务	版权集体管理与服务	7231	律师及相关法律服务
		7239	其他法律服务
		7520	知识产权服务
		7284	文化会展服务
		7295	信用服务
		7296	非融资担保服务
		7299	其他未列明商务服务业
		9053	文化娱乐经纪人

（续表）

主要产业组	子　　组	行业代码	类别名称
版权集体管理与服务	版权集体管理与服务	9059	其他文化艺术经纪代理
		5181	贸易代理
		5183	艺术品、收藏品拍卖
		5184	艺术品代理
		8890	其他文化艺术业

附表2　与国民经济行业分类对应的相互依存的版权产业具体分类

主要产业组	行业代码	类别名称
电视机、智能手机、收音机、录像机、CD播放机、DVD播放机、磁带播放机、电子游戏设备及其他类似设备	2462	游艺用品及室内游艺器材制造
	2469	其他娱乐用品制造
	3922	通信终端设备制造
	3931	广播电视节目制作及发射设备制造
	3932	广播电视接收设备制造
	3933	广播电视专用配件制造
	3934	专业音响设备制造
	3939	应用电视设备及其他广播电视设备制造
	3951	电视机制造
	3952	音响设备制造
	3953	影视录放设备制造
	5137	家用视听设备批发
	5149	其他文化用品批发
	5177	通讯设备批发
	5178	广播影视设备批发
	5249	其他文化用品零售
	5271	家用视听设备零售
	5274	通信设备零售
	7121	休闲娱乐用品设备出租
	8131	家用电子产品修理

（续表）

主要产业组	行业代码	类别名称
计算机和有关设备	3911	计算机整机制造
	3912	计算机零部件制造
	3913	计算机外围设备制造
	3914	工业控制计算机及系统制造
	3915	信息安全设备制造
	3919	其他计算机制造
	3961	可穿戴智能设备制造
	3969	其他智能消费设备制造
	5176	计算机、软件及辅助设备批发
	5273	计算机、软件及辅助设备零售
	7114	计算机及通讯设备经营租赁
	8121	计算机和辅助设备修理
乐　器	2421	中乐器制造
	2422	西乐器制造
	2423	电子乐器制造
	2429	其他乐器及零件制造
	5147	乐器批发
	5247	乐器零售
	7123	文化用品设备出租
照相和电影摄影器材	2664	文化用信息化学品制造
	3471	电影机械制造
	3472	幻灯及投影设备制造
	3473	照相机及器材制造
	5149	其他文化用品批发
	5179	其他机械设备及电子产品批发
	5248	照相器材零售
	7123	文化用品设备出租
	8199	其他未列明日用产品修理业
复印机	3474	复印和胶印设备制造
	3542	印刷专用设备制造

（续表）

主要产业组	行业代码	类别名称
复印机	5179	其他机械设备及电子产品批发
	5279	其他电子产品零售
	8122	通讯设备修理
	8129	其他办公设备维修
空白录音介质	2664	文化用信息化学品制造
	5137	家用视听设备批发
纸张	2221	机制纸及纸板制造
	2222	手工纸制造
	2223	加工纸制造
	2231	纸和纸板容器制造
	2239	其他纸制品制造
	5191	再生物资回收与批发
	5141	文具用品批发
	5241	文具用品零售

附表3　与国民经济行业分类对应的部分版权产业具体分类

主要产业组	行业代码	类别名称
服装、纺织品和制鞋	1711	棉纺纱加工
	1712	棉织造加工
	1713	棉印染精加工
	1721	毛条和毛纱线加工
	1722	毛织造加工
	1723	毛染整精加工
	1731	麻纤维纺前加工和纺纱
	1732	麻织造加工
	1733	麻染整精加工
	1742	绢纺和丝织加工

（续表）

主要产业组	行业代码	类别名称
服装、纺织品和制鞋	1743	丝印染精加工
	1751	化纤织造加工
	1752	化纤织物染整精加工
	1771	床上用品制造
	1772	毛巾类制品制造
	1773	窗帘、布艺类产品制造
	1779	其他家用纺织制成品制造
	1761	针织或钩针编织物织造
	1762	针织或钩针编织物印染精加工
	1763	针织或钩针编织品制造
	1781	非织造布制造
	1811	运动机织服装制造
	1819	其他机织服装制造
	1821	运动休闲针织服装制造
	1829	其他针织或钩针编织服装制造
	1830	服饰制造
	1921	皮革服装制造
	1923	皮手套及皮装饰制品制造
	1931	毛皮鞣制加工
	1932	毛皮服装加工
	1942	羽毛（绒）制品加工
	1951	纺织面料鞋制造
	1952	皮鞋制造
	1953	塑料鞋制造
	1954	橡胶鞋制造
	1959	其他制鞋业
	5131	纺织品、针织品及原料批发
	5132	服装批发
	5133	鞋帽批发
	5231	纺织品及针织品零售

（续表）

主要产业组	行业代码	类别名称
服装、纺织品和制鞋	5232	服装零售
	5233	鞋帽零售
	8192	鞋和皮革修理
珠宝和硬币	2438	珠宝首饰及有关物品制造
	3399	其他未列明金属制品制造
	5146	首饰、工艺品及收藏品批发
	5245	珠宝首饰零售
	5246	工艺美术品及收藏品零售
其他手工艺品	2431	雕塑工艺品制造
	2432	金属工艺品制造
	2433	漆器工艺品制造
	2434	花画工艺品制造
	2435	天然植物纤维编织工艺品制造
	2436	抽纱刺绣工艺品制造
	2439	其他工艺美术及礼仪用品制造
	3057	制镜及类似品加工
	4119	其他日用杂品制造
	5146	首饰、工艺品及收藏品批发
	5246	工艺美术品及收藏品零售
家具	2110	木质家具制造
	2120	竹、藤家具制造
	2130	金属家具制造
	2140	塑料家具制造
	2190	其他家具制造
	5139	其他家庭用品批发
	5283	家具零售
	8193	家具和相关物品修理
家庭用品、陶瓷和玻璃	1922	皮箱、包(袋)制造
	2031	建筑用木料及木材组件加工
	2032	木门窗制造

（续表）

主要产业组	行业代码	类别名称
家庭用品、陶瓷和玻璃	2033	木楼梯制造
	2034	木地板制造
	2035	木制容器制造
	2039	软木制品及其他木制品制造
	2927	日用塑料制品制造
	3041	平板玻璃制造
	3042	特种玻璃制造
	3049	其他玻璃制造
	3051	技术玻璃制品制造
	3052	光学玻璃制造
	3053	玻璃仪器制造
	3054	日用玻璃制品制造
	3055	玻璃包装容器制造
	3056	玻璃保温容器制造
	3057	制镜及类似品加工
	3059	其他玻璃制品制造
	3061	玻璃纤维及制品制造
	3062	玻璃纤维增强塑料制品制造
	3071	建筑陶瓷制品制造
	3072	卫生陶瓷制品制造
	3073	特种陶瓷制品制造
	3074	日用陶瓷制品制造
	3075	陈设艺术陶瓷制造
	3076	园艺陶瓷制造
	3079	其他陶瓷制品制造
	3373	搪瓷卫生洁具制造
	3379	搪瓷日用品及其他搪瓷制品制造
	3381	金属制厨房用器具制造
	3382	金属制餐具和器皿制造
	3383	金属制卫生器具制造
	3389	其他金属制日用品制造

（续表）

主要产业组	行业代码	类别名称
家庭用品、陶瓷和玻璃	3872	照明灯具制造
	3873	舞台及场地用灯制造
	5135	厨具卫具及日用杂品批发
	5136	灯具、装饰物品批发
	5139	其他家庭用品批发
	5165	建材批发
	5235	厨具卫具及日用杂品零售
	5236	钟表、眼镜零售
	5237	箱包零售
	5239	其他日用品零售
	5282	灯具零售
	5287	陶瓷、石材装饰材料零售
墙纸和地毯	2239	其他纸制品制造
	2437	地毯、挂毯制造
	5136	灯具、装饰物品批发
	5139	其他家庭用品批发
	5146	首饰、工艺品及收藏品批发
	5246	工艺美术品及收藏品零售
玩具和游戏用品	2451	电玩具制造
	2452	塑胶玩具制造
	2453	金属玩具制造
	2454	弹射玩具制造
	2455	娃娃玩具制造
	2456	儿童乘骑玩耍的童车类产品制造
	2459	其他玩具制造
	2461	露天游乐场所游乐设备制造
	2462	游艺用品及室内游艺器材制造
	2469	其他娱乐用品制造
	5149	其他文化用品批发
	5249	其他文化用品零售
	7121	休闲娱乐用品设备出租

（续表）

主要产业组	行业代码	类别名称
建筑、工程、调查	E	建筑业
内部装修设计	5011	公共建筑装饰和装修
	5012	住宅装饰和装修
	5013	建筑幕墙装饰和装修
博物馆	8850	博物馆
	8860	烈士陵园、纪念馆

附表4 与国民经济行业分类对应的非专用支持产业具体分类

主要产业组	行业代码	类别名称
一般批发和零售产业	51	批发业
	52	零售业
一般运输产业	53	铁路运输业
	54	道路运输业
	55	水上运输业
	56	航空运输业
	58	多式联运和运输代理业
	59	装卸搬运和仓储业
	60	邮政业
电话和互联网产业	631	电信
	6311	固定电信服务
	6312	移动电信服务
	6319	其他电信服务
	64	互联网和相关服务
	6410	互联网接入及相关服务

说明：上述各表根据《国民经济行业分类》(GB/T4754-2017)编制。

参考文献

1. 世界知识产权组织.版权产业的经济贡献调研指南[M].北京：法律出版社，2006.

2. 国家统计局国民经济核算司.中国经济普查年度国内生产总值核算方法[M].北京：中国统计出版社，2007.

3. 中华人民共和国国家统计局.中国统计年鉴2022[M].北京：中国统计出版社，2022.

4. 海关总署统计分析司.中华人民共和国海关统计商品目录（2021年版）[M].北京：中国海关出版社，2021.

5. 国家新闻出版署.2022中国新闻出版统计资料汇编[M].北京：中国书籍出版社，2022.

6. 柳斌杰，阎晓宏.中国版权相关产业的经济贡献[M].北京：中国书籍出版社，2010.

7. 柳斌杰，阎晓宏.中国版权相关产业的经济贡献（2007~2008年）[M].北京：中国书籍出版社，2012.

8. 中国版权产业的经济贡献（2009年~2010年）编委会.中国版权产业的经济贡献（2009年~2010年）[M].北京：中国书籍出版社，2015.

9. 中国版权产业的经济贡献（2011~2012年）编委会.中国版权产业的经济贡献（2011~2012年）[M].北京：中国书籍

出版社，2017.

10. 中国版权产业的经济贡献（2013~2014 年）编委会 . 中国版权产业的经济贡献（2013~2014 年）[M]. 北京：中国书籍出版社，2017.

11. 中国版权产业的经济贡献（2015~2016 年）编委会 . 中国版权产业的经济贡献（2015~2016 年）[M]. 北京：中国书籍出版社，2019.

12. 中国版权产业的经济贡献（2017~2018 年）编委会 . 中国版权产业的经济贡献（2017~2018 年）[M]. 北京：中国书籍出版社，2021.

13. 广东省统计局，国家统计局广东调查总队 . 广东统计年鉴 2022[M]. 北京：中国统计出版社，2022.

14. 广州市统计局，国家统计局广州调查队 . 广州统计年鉴 2022[M]. 北京：中国统计出版社，2022.

15. 郭永航主编 . 广州年鉴 2022[M]. 广州：广州年鉴社，2022.

后　记

受广州市版权局委托，中国新闻出版研究院自 2015 年起多次开展了广州市版权产业的经济贡献调研项目。本书为该项目的第七次调研成果，对 2021 年广州市版权产业的经济贡献数据进行了测算分析，对全市版权工作的开展情况和版权产业的发展特点进行了梳理总结。广州市委宣传部（广州市版权局）对本调研项目十分重视，在项目开展、数据获取、行业调研、报告修改等方面给予大力支持，广东省和广州市有关单位也为项目开展提供帮助，在此对各单位及有关负责同志表示衷心感谢。

中国新闻出版研究院负责本书的具体编写工作。由于时间仓促、能力有限，本书难免存在疏漏和不当之处，敬请读者批评指正并提出宝贵意见。

中国新闻出版研究院
2023 年 12 月